CB050113

Menecma

Menecma

Bráulio Mantovani

SESI-SP editora

SESI-SP EDITORA

Conselho Editorial
Paulo Skaf (Presidente)
Walter Vicioni Gonçalves
Débora Cypriano Botelho
César Callegari
Neusa Mariani

Teatro Popular do **SESI**

Comissão editorial
Célio Jorge Deffendi (Diretor DDC)
Debora Pinto Alves Vianna
Alexandra Salomão Miamoto

Editor
Rodrigo de Faria e Silva

Revisão
Marcatexto – Fernanda Bottallo

Capa e Projeto gráfico
Negrito Produção Editorial

Copyright © 2011 SESI-SP Editora

ISBN 978-85-65025-04-1

Dados Internacionais de Catalogação na Publicação (CIP)
(Câmara Brasileira do Livro, SP, Brasil)

Mantovani, Bráulio
Menecma / Bráulio Mantovani. – São Paulo: SESI-SP, 2011.

1. Teatro brasileiro. I. Título

11-08954   CDD-869.92

Índices para catálogo sistemático:
1. Peças teatrais : Literatura brasileira   869.92

Um homem de teatro

Bráulio, acho que sou basicamente um ator de teatro. Não sei se você define o que você é quando as pessoas perguntam o que você faz, vá lá isso não acontece tanto, mas quando você faz a ficha no hotel, você bota escritor? Eu boto ator, é o que me define mesmo, embora secretamente eu goste de pensar em mim como um artista do palco, um artista do teatro. Digo isso porque alimento lá no fundo a vontade de escrever para teatro e nem tão no fundo assim a vontade de dirigir peças. E também porque gosto de pensar em artista, acho mais poético, gosto da palavra, assim, acho mais bonito e pronto.

Cara, mas a minha vontade de dirigir não vem igual a minha fome de fazer personagens, de atuar. Claro, especialmente porque raras vezes leio algo que eu não só tenha vontade de fazer como ator como também de dirigir. Por mais louco que isso possa parecer, não acontece quando leio os clássicos, por exemplo, Shakespeare, Molière, Brecht até Beckett: fazer sim, dirigir... não bate. Sei lá porque, bate [a vontade de dirigir] teatro contemporâneo.

Tudo isso meu irmão para lhe dizer, de homem de teatro para homem de teatro, que lendo sua peça num voo Salvador-São Paulo tive gana de fazer Guilherme, depois de dirigir a peça, depois de fazer o investigador, depois de dirigir a peça e fazer Guilherme e por aí foi até chegar em São Paulo.

Me lembrei demais das peças de Pinter, que eu gosto muito. Aquela loucura toda organizada numa exatidão absoluta, personagens e especialmente diálogos sensacionais, precisos, engraçadíssimos. E tem Shakespeare e tem peça dentro da peça! E tem não saber quem é quem, que jogo é esse. E ainda tem um rio subterrâneo. Olha preciso ler de novo para te falar melhor e é o que farei amanhã ou depois. Mas te digo que a sensação despertada foi das melhores que um artista do palco pode sentir.

Você é foda. Té breve,

15 de setembro de 2008
WAGNER MOURA

Um homem de teatro 2: uma breve explicação

O texto de *Menecma* publicado neste livro não é exatamente o mesmo que Wagner Moura leu e gostou. Também não é exatamente o mesmo que foi encenado no palco do Teatro Popular do Sesi. E é ainda um pouco diferente da versão original, escrita em 1992. O simples ato de preparar o original para esta publicação me fez entender a profunda verdade da famosa declaração de Jorge Luis Borges: "Publicamos para não passar a vida a corrigir rascunhos. Quer dizer, a gente publica um livro para livrar-se dele". A sabedoria borgiana aplica-se ao texto de *Menecma*. Mas não explica tantas alterações.

Eu me envolvi na montagem de *Menecma* o quanto pude. Acredito que todos os ensaios que presenciei (e foram muitos) geraram novas versões do texto. As dificuldades e os improvisos dos atores estimulavam minha imaginação. E, no dia seguinte, eles recebiam novas páginas, substituindo as originais. Cheguei a temer um dia ser barrado pelos seguranças do Sesi, a pedido de toda a equipe: "Não deixa o cara entrar, ele vai mexer no texto de novo", diziam, como em um coro grego, na minha imaginação.

Resisti bravamente a mostrar para os atores (mas mostrei para a diretora) uma substituição de cerca de 20 páginas, que reescrevi quando faltavam apenas quatro dias para a estreia. Essas páginas novas não entraram na montagem, mas fazem parte deste livro. Assim como uma série de outras mudanças (algumas pequenas, outras nem tanto) que incorporei ao texto enquanto o revisava para publicação.

Apesar de concordar com Borges, acredito que essas mudanças não sejam apenas consequência do desejo que todo escritor tem de melhorar seus rascunhos. Penso que o teatro, em si, ajuda a explicar as muitas mutações de *Menecma*. Até mesmo na revisão do texto feita depois da encenação.

Eu não fiz o trabalho de revisão sozinho. Convidei o ator Gustavo Machado para me ajudar a cotejar as diferentes versões da peça espalhadas em inúmeros arquivos de computador. Nossa leitura, além de prazerosa, valeu como um novo ensaio. Interpretávamos as falas, conversávamos sobre detalhes da encenação e, nesse processo, novas ideias foram transformando mais uma vez o texto, dessa vez com a colaboração muito próxima do Gustavo. Nossa revisão foi além do verbal. Virou um ensaio improvisado.

O processo do teatro me contagia e me faz mexer e remexer no texto porque, como diz o título do generoso texto de Wagner Moura, que apresenta este livro, sou muito mais um homem de teatro que de cinema. Fui ator, diretor e dramaturgo amador dos 17 aos 25 anos. Apesar de ter sido o cinema o responsável por eu ter me transformado em escritor profissional, no sentido de permitir-me pagar as contas usando minha imaginação e meu talento para a narrativa, é no teatro que eu realmente me sinto em casa. Nunca vou às filmagens dos meus roteiros. Mas faço qualquer negócio para participar do ensaio de uma peça. Filmagens são tediosas. Ensaios, sublimes.

A montagem de *Menecma* no Sesi, quase 20 anos depois de escrita a primeira versão do texto, foi para mim, portanto, um presente e um lembrete. Se eu ganhasse a vida como médico ou advogado e tivesse veleidades de escritor, não escreveria filmes. Escreveria peças.

Bráulio Mantovani

Agradecimentos

A Debora Pinto Alves Viana, Celio Jorge Deffendi e Cesar Callegari do Sesi, por terem tido coragem de apostar em um texto pouco convencional.

Ao produtor João Leiva e a toda equipe artística e técnica da produção e do Sesi, pelo carinho e empenho na montagem do texto.

A Lúcia (*in memoriam*), Jerônimo e Raquel Centeno, pelo apoio afetivo e financeiro que me possibilitou escrever a primeira versão de *Menecma* em 1992.

Ao Jô Soares, que generosamente reuniu o elenco e uma pequena plateia em seu apartamento, dando-me o prazer de ouvir, pela primeira vez, meu texto lido por atores.

À Laís Bodanzky, não só pelo carinho que dedicou à direção da peça, mas também pelas ideias de encenação que me ajudaram muito a melhorar o texto.

Ao Roney Facchini, pelo seu fantástico trabalho no palco, por ter se empenhado durante mais de cinco anos para que *Menecma* pudesse ser encenada e pela disposição permanente para conversar sobre o texto e fazer sugestões.

À Paula Cohen, pela impressionante coragem para interpretar duas personagens ao mesmo tempo tão parecidas e tão diferentes e pelo carinho e paciência com que, tantas vezes, esqueceu velhas falas e acolheu novas.

À Christiane Riera, por ter propiciado meu encontro com Gustavo Machado, primeiro ator a ler *Menecma*. Ao Gustavo, cabe um agradecimento muito especial, por dar início ao processo que culminou com a montagem do espetáculo e ter sido meu parceiro, com muita generosidade e empenho, na preparação do texto para publicação. Agradeço ainda pelas suas sugestões oportunas que acabaram sendo incorporadas à versão final da peça.

A minha mulher Carolina Kotscho, pela paciência e pelo amor que dedicou às leituras e releituras das muitas versões do texto. E também por ter desatado o grande nó estrutural, com o qual eu me debati por quase 20 anos. Graças a ela, *Menecma* é uma peça mais coesa, mais bem amarrada. E eu, uma pessoa mais feliz.

Ao meu filho João, pelo simples fato de existir.

Para Carlos, Carol, Dirce, Élida e João

Personagens

Guilherme
Giulia
Cláudio Polônio (em vídeo)
Investigador Apolônio
Julie
A Voz

O cenário ao princípio é quase todo escuro. Apenas um facho de luz vem de uma abertura no teto, no canto direito do fundo do palco. O facho de luz ilumina uma escada em caracol que conduz à abertura no teto. Dali, vem o som de um piano mal tocado: tão logo se reconhece uma melodia, a música para. E uma nova melodia começa. São tantas as melodias interrompidas que a conclusão parece óbvia: a pessoa que toca o piano só aprendeu a tocar inícios de músicas conhecidas.

Chove.

Algumas goteiras soam estranhamente altas, como se o ruído das gotas se chocando contra uma superfície metálica estivesse amplificado. Ouve-se baixinho um rio que corre. Todos esses ruídos, combinados à música intermitente, criam uma atmosfera sinistra. Um relâmpago ilumina o cenário por um instante. Soa um trovão.

Uma porta é aberta na extremidade esquerda do palco, rangendo muito. Por ela entra GUILHERME, carregando uma pá e um lampião, que ilumina parcialmente o cenário, o suficiente para que se veja que há ali alguns móveis: uma mesa com aparelhos eletrônicos ainda não identificáveis, diante da mesa uma cadeira bastante confortável, um sofá, um mancebo com capas de chuva penduradas, dois telões e, bem no centro do palco, um alçapão inclinado, como as portas de porões que ficam do lado de fora de algumas casas dos Estados Unidos. O alçapão é uma porta para o rio, que corre por debaixo da sala.

 Guilherme tem a cara amassada, de quem acaba de acordar de um sono mal dormido. Lentamente, ainda que solene, ele caminha até a outra extremidade da sala, onde se vê, à medida que ele se aproxima, uma outra porta — muito maior que a primeira — suntuosamente decadente.

 Guilherme aciona um interruptor ao lado da porta, e uma luz se acende sobre a mesa, revelando o equipamento de edição de vídeo. O chão da sala é de areia e pedras, com uns poucos restos do que parece ter sido um piso de madeira nobre. Ao fundo, duas imponentes janelas deixam passar, de quando em quando, os clarões dos relâmpagos que iluminam a noite de tempestade.

 Guilherme se vira e se dirige até a mesa. Caminha mais lentamente que antes, ainda que sem perder sua maneira altiva. Ele está vestido com um traje de gala elegantíssimo, se bem que empoeirado e um pouco amarrotado. Enquanto volta, Guilherme olha para cima, para a parte superior da casa, e prageja fazendo gestos com a pá — em absoluto silêncio —, não se sabe se contra a música ou contra as goteiras ou as duas coisas.

 Ao chegar junto à mesa, deixa sobre ela o lampião. Segura a pá com as duas mãos caminha até o sofá e o empurra com um pé.

Uma das frequentes mudanças de música coincide com o empurrão, assustando Guilherme, que, horrorizado, olha para a escada em caracol. Nada, porém, acontece além do concerto de piano e goteiras. Guilherme se recompõe e começa a cavar na areia, justo onde antes estava o sofá.

Em pouco tempo sua pá toca em algo feito de metal. Guilherme fica ansioso. Deixa cair a pá para também cair de joelhos diante do buraco que cavou. De dentro dele, tira uma pesada caixa, para a qual olha como se estivesse tangido por uma graça divina. Em seu pequeno transe, Guilherme não se dá conta de que a música cessou. À medida que Guilherme volta em direção à mesa, GIULIA começa a descer pela escada em caracol: o caminhar de um e o descer da outra são sincronizados como numa dança, de maneira que quando ele alcança a mesa, ela chega ao chão. Assim como Guilherme, Giulia está vestida com muita elegância: um vestido longo, reluzente, muito claro. Ao contrário do traje de Guilherme, o vestido dela não está nem empoeirado nem amarrotado: está impecável. Giulia pareceria mais equilibrada que Guilherme se não olhasse para ele com uma ansiedade doentia, roendo nervosamente as unhas.

Guilherme coloca a caixa sobre a mesa e confirma que o grande cadeado que a mantém fechada permanece inviolado. Instintivamente, mete uma mão no bolso do paletó, ao mesmo tempo em que Giulia enfia a mão pelo decote do vestido. Ele não encontra o que procura. Ela tira uma longa corrente com uma grande chave na extremidade. Enquanto procura desesperadamente pelos bolsos, Guilherme perde a pose: arrasta-se pelo chão procurando, procurando. Giulia ri baixinho, maliciosamente, ri mais alto quanto mais baixo ele se arrasta buscando na areia a chave que ela tem na mão. Ri cada vez mais alto, até deixar escapar uma gargalhada selvagem.

Guilherme se dá conta da presença de Giulia. Engatinhando, move a cabeça em círculos como faz um gato quando segue um objeto que se move em múltiplas direções. Brutalmente, ele se lança contra ela. Assustada, Giulia sobe correndo a escada em caracol, deixando escapar gritinhos travessos como num jogo de crianças. Guilherme para ao pé da escada. Olha para o andar de cima desconsolado. Não pode subir, como se uma maldição o proibisse. Balbucia uns tantos "nãos" entre soluços.

Novamente volta a soar o som intermitente do piano, com seu incômodo concerto de melodias cambiantes, e o ruído metálico das goteiras constantes. Guilherme não suporta mais. Grita angustiado. E desmaia.

Blecaute. Silêncio absoluto.

Logo, voltam os sons da chuva e do rio. Soam as goteiras e, então, o piano, executado pelas mãos indecisas de Giulia.

A luz que vem da parte superior do cenário ilumina outra vez a escada em caracol. Um relâmpago, um trovão, e acende-se a luz sobre a mesa com o equipamento de vídeo, destacando a caixa que Guilherme não pode abrir. Ele está sentado na cadeira. Prostrado. Já não veste o paletó, que está jogado no meio da sala. A gravata está afrouxada. As mangas da camisa, arregaçadas. Guilherme tem a cara de quem desperta de um sono inquieto, povoado de pesadelos.

Guilherme pensa por um instante, como se rememorasse o que ocorreu ainda há pouco. Gesticula em silêncio insultos à mulher inatingível no andar de cima. Levanta-se e sai decidido pela porta da esquerda, por onde antes tinha entrado. Quando fecha a porta, ouve-se um grande estrondo.

A música para. Giulia aparece pela escada. Certifica-se que Guilherme não está lá. Nervosa, corre até a mesa. Verifica que o cadeado permanece fechado. Ela se acalma. Vai até a porta por onde saiu Guilherme. Encosta nela uma orelha tentando escutar algo. Soam passos. Giulia volta correndo, sobe pela escada, e logo o piano volta a soar. Sempre com melodias intermitentes.

Guilherme entra. Tem um revólver na mão. Vai até a mesa e pega a caixa. Coloca-a no chão, afasta-se um pouco, faz pontaria e dispara. O cadeado arrebenta.

A música para. Giulia aparece na escada, enquanto Guilherme, em júbilo, abre a caixa. Ele tira de dentro dela duas fitas de vídeo.

GIULIA — Não!

Giulia gargalha triunfante e caminha em direção à mesa. Ao perceber a intenção da mulher, Guilherme segura as fitas de vídeo como se elas fossem bebês, abraçando-as com força e afastando-se o mais que pode de Giulia. Ela para junto à mesa. Num gesto infantil, agarra o lampião que Guilherme usou antes para chegar até a mesa, quando o cenário estava na penumbra. Em seguida, ela corre até a escada em caracol e sobe os degraus, levando junto o lampião.

Em instantes, volta a soar o piano.

Guilherme, apesar de humilhado, alegra-se ao perceber que Giulia voltou para o andar de cima. Caminha até a mesa, liga o equipamento, coloca as fitas nas máquinas e um fone de ouvido que o protege do som do piano. Os telões iluminam-se com a imagem congelada de um funeral. Em primeiro plano, a cara do morto: CLÁUDIO POLÔNIO, *velho. É pai de Guilherme.*

Guilherme prepara um microfone. Aperta play *e vemos as imagens do funeral. Não mais que seis pessoas seguem o cortejo fúnebre. Todos são velhos, exceto uma bela mulher: Giulia. No decorrer da narração, os telões mostram as imagens que correspondem aos últimos dias do finado: em sua cadeira de rodas, empurrado por Giulia, ambos com evidente mau humor, passeiam por um jardim que podia ser belo se não fosse pela ausência de flores e folhas nas árvores. Tudo é seco, como a cara do velho, meio escondida por um cachecol. Ele veste* smoking *e gravata borboleta.*

Guilherme começa a narrar uma locução para as imagens. O piano soa mais e mais alto, formando acidentalmente a trilha sonora das imagens.

GUILHERME *(solene e hesitante)* — Sua grandeza consistiu em ser muitos. Seu talento, em fazer de cada um desses muitos um ser perfeitamente único, a tal ponto que se podia duvidar, ao vê-lo no palco, se estávamos diante de um homem ou de um deus olvidado entre os mortais. Despediu-se deste mundo como cabia a um verdadeiro artista: sereno, lúcido e com a mesma superioridade que o caracterizou por toda a sua vida. Numa manhã de inverno, às dez horas e quinze minutos, olhou pela janela. Contemplou a paisagem baça, pobremente iluminada por um sol mais débil que sua vontade. Virou-se, afastou-se da janela e disse sem rancor nem tédio: *(tom)* "Hoje o dia não é digno da minha pessoa". Cerrou os olhos no seu sono eterno.

Guilherme tira o fone de ouvido, volta a fita e assiste ao que acabou de fazer. Nos telões, entram mais uma vez as mesmas imagens, agora com a narração recém-gravada. Enquanto escuta o que acabou de gravar, Guilherme balbucia alguns comentários incompreensíveis, sem perceber que o piano que soa agora não é o que Giulia toca, mas o que ficou gravado na fita. A luz que vem do andar de cima se apaga. Logo, Giulia desce a escada, nua, segurando o mesmo lampião que antes roubou da mesa de Guilherme. Ela desce muito lentamente, como se estivesse posando para um pintor que quer capturar cada pose em cada degrau.

Guilherme vê Giulia descendo a escada e dá um grito de pavor. Cobre a cara, em pânico. Acidentalmente, aciona o **reward** *do vídeo, e a imagem começa a voltar, com o característico som da fala ao revés. Giulia acompanha esse efeito subindo de costas, num gesto simétrico ao de sua descida.*

Guilherme desmaia.

Blecaute. Silêncio absoluto

Voltam os sons da chuva, do rio, das goteiras, mas não volta o som do piano.

A luz que vem da parte superior do cenário ilumina outra vez a escada em caracol, ao pé da qual está Giulia, novamente vestida de gala, belíssima.

Um relâmpago, um trovão. Luz sobre a mesa com o equipamento de vídeo. Os telões se acendem.

Guilherme está sentado na cadeira. Veste outra vez o paletó. A gravata bem posta. Tem a cara de quem desperta de um sono mal dormido, povoado de pesadelos. Não nota a presença de Giulia. A imagem no vídeo está congelada. Ele aperta o play *e escuta o último trecho da sua locução: "e disse sem rancor nem tédio: 'Hoje o dia não é digno da minha pessoa'". Aperta* stop.

GUILHERME — Não! Eu não posso acabar o meu filme assim! Não! Aqui tinha que ser ele. Uma imagem dele em primeiro plano, um filtro para dar um efeito assim de... de evanescência, os olhos dele imóveis olhando direto na lente, e ele em primeiro plano dizendo *(solene)*: "Hoje o dia não é digno da minha pessoa". *(empolgado)* Do mesmo jeito que ele fazia nos Credores do Strindberg! *(tom)* "Agora eu cancelo minha dívida contigo...".
GIULIA *(interrompendo)* — O texto certo é "Tua dívida comigo". Sua memória é ruim como a do seu pai. Ele era assim... confundia as falas. E, às vezes, os personagens.

Enquanto fala, Giulia se aproxima de Guilherme ameaçadoramente. Ele tenta ignorá-la, fingindo que não a vê. Seus gestos são, entretanto, a denúncia do seu nervosismo, o emblema do pavor que Giulia lhe causa. Desajeitado, ele avança a fita em search/fast-foward, *buscando uma imagem que o salve do apuro.*

GIULIA *(cínica)* — Por que você perde seu tempo com esse documentário caseiro que nunca ninguém vai ver? Não faz nem um mês que ele morreu e ninguém fala mais dele. O grande canastrão, totalmente esquecido.

Guilherme interrompe o avanço da fita e pela primeira vez olha para Giulia com olhos desafiantes, num gesto que irradia ódio.

GIULIA — Vai negar? Foi um dos piores atores de todos os tempos. Todo mundo dizia isso.
GUILHERME — Meu pai era um mito vivo.
GIULIA — Agora é uma mentira morta. Não sabia nem andar com graça.
GUILHERME — Suponho que você se considere uma... uma Greta Garbo.
GIULIA — Quase tão *great*, um pouco mais *garbosa*. É só uma questão de técnica.
GUILHERME — Técnica? Ele tinha razão quando dizia que você não tinha alma. Técnica ele pôde ensinar pra você. Agora, alma, uma vagab...

Guilherme não consegue pronunciar a palavra até o fim.

GIULIA *(mais ameaçadora)* — Vai me ofender? Vai? Fala, vai. Do que é que você ia me chamar?

A chuva parece aumentar. Os relâmpagos são mais frequentes. Os trovões, mais estrondosos. Guilherme retrocede em pânico.

Instintivamente, aperta o play, *acionando, assim, o vídeo, que avança até um ponto cuja imagem não foi vista antes: nos telões, surge Cláudio Polônio, um pouco mais jovem, com perfeita saúde, fumando com discreta elegância. Ele fala para a câmera sentando numa poltrona: uma situação típica de entrevista. Trata-se, realmente, de uma pessoa carismática. Seus modos aristocráticos combinam ternura e arrogância. Mas há algo falso na maneira como fala. A performance de Cláudio pode tanto respaldar como desmentir as opiniões de Guilherme e de Giulia.*

CLÁUDIO *(no vídeo)* — Eu amo as atrizes. Sempre disse isso. Que é que a gente ia fazer sem elas? Dar uma de gregos ou japoneses? De elisabetanos? Não... Sem atrizes o teatro seria manco. Agora, do meu ponto de vista, a gente tem que diferenciar atrizes e mulheres. Não são a mesma coisa. Mesmo que para ser atriz a condição fundamental é ser mulher. Mas uma atriz é atriz no palco. Fora daí é só uma mulher, com o que isso tem de bom e de ruim. E nesse ponto eu sou como Strindberg, um misógino em teoria. Na prática não posso viver sem elas.

Colérica, Giulia aperta stop.

GIULIA — Misoginia como eufemismo da impotência. *(fala com desprezo, para a imagem de Cláudio no telão)* Brocha.
GUILHERME – Dá pra ser menos vulgar, por favor?

GIULIA *(aproximando-se de Guilherme, que recua atemorizado)* — Quer saber disso melhor do que eu, que ia para a cama com ele? Eu, lambida por aquela língua obscena...

GUILHERME — Tá bom. Pode parar.

GIULIA — Não. Você vai escutar até o fim, mais uma vez. E não vai ser a última.

Guilherme tenta fugir pela porta da esquerda. Giulia é mais rápida e se coloca diante dele. O medo de Guilherme faz com que ele recue, buscando outra vez auxílio no vídeo. Pressiona search/fast-foward, e as imagens passam rápida e freneticamente. Giulia se aproxima, fazendo com que ele se afaste da mesa.

GIULIA — Você consegue imaginar o que era pra mim ter que fazer tudo o que ele queria?

GUILHERME — Chega.

GIULIA — Na cama dele... Aquela língua dele... Áspera. Era só isso, você entende? *(com repulsa)* A língua. *(com uma dor antiga e profunda)* Eu não podia me mexer. Imagina? Horas! Nenhuma outra parte do corpo dele tocava o meu corpo.

Guilherme não consegue suportar o lamento de Giulia. Ele cobre os ouvidos. Ela fala mais alto.

GIULIA — Nunca!

Guilherme não aguenta mais.

GUILHERME — Para de mentir!

Diante da fragilidade de Guilherme, Giulia recupera a atitude ameaçadora.

GIULIA — Ah! Queria que a sua mãe tivesse viva só pra você perguntar pra ela. Por que é que você acha que ele sempre desprezou você? Você sabe por quê? Porque você não podia ser filho dele. Ele não podia ser pai de ninguém. Porque ele só tinha... *(não consegue completar a frase e grita, como se sentisse dor)* Áspera!

Guilherme assume pela primeira vez uma postura agressiva: ele pega o revólver que está sobre a mesa e o esconde atrás das costas.

GUILHERME — Você é completamente obscena. Seu cinismo é obsceno. Sua presença é obscena. *(aponta a arma para Giulia)* E sua morte também vai ser obscena se... *(não pode terminar a frase)*
GIULIA — O quê? Me ameaçando outra vez?

Patético, Guilherme se agacha, a cabeça entre os joelhos para esconder o choro. Giulia tira uma das fitas de um dos equipamentos de vídeo. Vai até o alçapão e o abre. O ruído do rio inunda o ambiente. Com um gesto infantil, ela segura a fita com as pontinhas dos dedos sobre o alçapão, ameaçando soltá-la.

GIULIA — Vamos dar um banhinho no filminho do papai?

Guilherme levanta a cabeça e, ao ver o que Giulia pretende fazer, levanta-se e aponta o revólver na direção dela.

GUILHERME — Eu te mato.
GIULIA *(cruel)* — Tantos anos estudando cinema e não aprendeu ainda? Você não sabe que apontar uma arma e dizer "eu te mato" é uma redundância desnecessária?
GUILHERME *(igualmente cruel)* — E "redundância desnecessária" é um pleonasmo vicioso. Por que é que toda a atriz medíocre é semianalfabeta?

Controlando a cólera, Giulia lentamente aproxima a fita do alçapão. Até os ruídos da chuva e do rio cessam, ficando a cena no mais absoluto silêncio. O gesto dela se estiliza milimetricamente, acentuando a agonia de Guilherme. Ele parece a ponto de desmaiar, mas resiste.

GIULIA — Coitadinho... Vai desmaiar?

Instintivamente, Guilherme dispara. O tiro antinge Giulia na altura no abdômen. Ela desfalece lentamente, num balé agonizante, até cair ao chão, onde permanece imóvel, ainda segurando a fita nas pontinhas dos dedos. O vestido está manchado de sangue.
Voltam os sons da chuva, dos relâmpagos, dos trovões e do rio. Guilherme deixa cair a arma, parecendo não acreditar no

que foi capaz de fazer. Logo, porém, gargalha alto, completamente ensandecido. Vai até o cadáver. Com um chutinho delicado, confirma que Giulia está mesmo morta. Arranca violentamente a fita de vídeo da mão da mulher morta.

Guilherme regressa triunfante à sua mesa. Ele recoloca a fita no aparelho de vídeo. Mais calmo, olha à sua volta com a cabeça erguida. Detém-se ao ver o cadáver. Vai até o cadáver de Giulia. Toca com certa repugnância a mancha de sangue no vestido dela. Sua expressão agora é a do homicida calculista: pensa no que tem que fazer com o corpo. Anda de um lado para outro buscando uma ideia. Eureka! Abre a porta da esquerda. Volta ao cadáver e o arrasta pelo cenário até que ambos desapareçam pela porta. Uma pequena pausa, e ele entra outra vez, carregando Giulia nos braços como faria um recém-casado. Para diante do alçapão com o gesto ritualístico de quem oferece um sacrifício aos deuses. Ameaça jogá-la. Detém-se. Põe o corpo outra vez no chão. Vai até a mesa. Coloca a fita num ponto já visto antes:

CLÁUDIO *(no vídeo)* — ... a condição fundamental é ser mulher. Mas uma atriz é atriz no palco. Fora daí é só uma mulher, com o que isso tem de bom e de ruim. E nesse ponto eu sou como Strindberg, um misógino em teoria. Na prática não posso viver sem elas.

Enquanto Cláudio fala no vídeo, Guilherme volta ao corpo sem vida da mulher. Levanta-a outra vez nos braços e, finalmente, coincidindo com "na prática não posso viver sem elas", deixa o corpo cair pelo alçapão. Ouve-se alto o som do cadáver que se choca contra a água corrente. Num novo gesto simbólico, Guilherme pega a pá, recolhe um pouco da areia do chão e joga a areia pelo alçapão. Empunha a pá como um guerreiro medieval faria com sua espada. Urra como um animal, enquanto atira violentamente a pá pelo alçapão. No vídeo persiste o sorriso malicioso de Cláudio.

Exaurido, Guilherme sorri satisfeito. E, em seguida, desmaia. Blecaute. Silêncio absoluto.

Batidas na porta devolvem ao cenário a luz, o ruído da chuva, os relâmpagos, trovões e goteiras. Nas telas, a mesma imagem congelada de Cláudio, com seu sorriso malicioso.

O ambiente, entretanto, já não é exatamente o mesmo. O chão não é mais de areia e pedras, mas um piso de boa madeira. Os móveis e objetos permanecem nas mesmas posições, só que sem a poeira. O alçapão está trancado com um cadeado desproporcionalmente grande. Guilherme veste outra vez o paletó (agora impecável e sem poeira) e tem a gravata bem posta. Está sentado em sua cadeira, diante da mesa, dormitando.

As batidas na porta despertam Guilherme e o assustam. Ele vai até a porta hesitante. As batidas insistem, mais fortes. Ele abre a porta, por onde entra o INVESTIGADOR APOLÔNIO, *que veste uma capa de chuva, toda molhada e com manchas de barro. Usa um chapéu e grandes óculos escuros. Tem um espesso e negro bigode. É quase um Inspetor Closeau.*

APOLÔNIO *(mostrando a identificação)* — Polícia.

Guilherme permanece imóvel, sem dizer nada.

APOLÔNIO — Posso entrar?

GUILHERME — O senhor já entrou.

APOLÔNIO *(ofendido)* — Eu posso sair e perguntar de novo, antes de entrar, se o senhor preferir.

GUILHERME *(fechando a porta)* — Não precisa. Algum problema?

APOLÔNIO *(olhando tudo em volta sem tirar os óculos escuros)* — Ia perguntar o mesmo: algum problema?

GUILHERME *(paranoico durante toda a conversa, mas mantendo a pose)* — Problema nenhum. E o senhor? Se posso ser indiscreto?

APOLÔNIO — Ouvi um tiro.

GUILHERME — Um tiro? De quê?

APOLÔNIO — Talvez de um trinta e oito.

GUILHERME — Humm...

APOLÔNIO — Mora sozinho?

GUILHERME — Agora sim.

APOLÔNIO — E antes?

GUILHERME — Antes de quando?

APOLÔNIO — Antes do tiro, por exemplo.

GUILHERME — Que tiro?

APOLÔNIO — O tiro que eu ouvi quando esperava a chuva passar, debaixo de uma árvore não muito longe daqui.

GUILHERME — O senhor não devia...

APOLÔNIO — O quê?

GUILHERME — Esperar a chuva passar debaixo de uma árvore. Se cai um raio...

APOLÔNIO *(aproximando-se da escada e olhando para cima)* — Alguém mais aí em cima?

GUILHERME — Não.

APOLÔNIO — A luz tá acesa.

GUILHERME — Minha mulher se esqueceu de apagar. Sempre esquece.

APOLÔNIO — Sua mulher?

GUILHERME — É.

APOLÔNIO — O senhor disse que morava sozinho, lembra?

GUILHERME — Agora sim, o senhor lembra?

APOLÔNIO — É verdade. Agora, sozinho. E antes?

GUILHERME — Antes de quando?

APOLÔNIO — Escuta, meu amigo, pode ser que o senhor seja só esquisito ou...

GUILHERME — Ou?

APOLÔNIO — Ou pode ser que o senhor esteja escondendo alguma coisa. Que tal responder a minha pergunta, antes que eu me incline pela segunda opção?

GUILHERME — Meu pai viveu aqui antes.

APOLÔNIO — E agora?

GUILHERME — Mudou. Digo, morreu.

APOLÔNIO — Não foi hoje por acaso.

GUILHERME — Não, já faz quase um mês. O senhor deve ter ouvido falar dele: Cláudio Polônio.

APOLÔNIO *(quase orgulhoso)* — Polônio?

GUILHERME — Sabia que o senhor ia reconhecer o nome.

APOLÔNIO — É quase o meu nome.

GUILHERME — Seu nome?

APOLÔNIO — Apolônio. Muito prazer.

GUILHERME — Guilherme, o prazer é meu. *(apontando*

para a imagem do pai nos telões) Meu pai era um ator muito famoso.

APOLÔNIO — Eu não vejo muito televisão.

GUILHERME — Ele nunca fez televisão. Ele odiava!

APOLÔNIO — Faz tempo que não vou no cinema.

GUILHERME — Meu pai não gostava de cinema. Quando eu fui estudar cinema, ele...

APOLÔNIO — Como o seu pai podia ser famoso se ele não fazia nada?

GUILHERME — Era ator de teatro.

APOLÔNIO — Ah!

GUILHERME — Lembrou?

APOLÔNIO — Não... O senhor disse que também estudou teatro?

GUILHERME — Cinema.

APOLÔNIO — Cinema! Eu já fiz um papel num filme.

GUILHERME — Não me diga?

APOLÔNIO *(entusiasmado)* — Verdade. Era de policial mesmo. Só que com uniforme. Eu e mais uns cinco caras. A gente prendia um bandido e enchia o vagabundo de porrada.

GUILHERME — Que original!

APOLÔNIO — Foi horrível. Eu não suporto violência desnecessária. Mas se o senhor precisar de um tipo como eu para um filme seu...

GUILHERME — Quem sabe...

APOLÔNIO *(surpreso com o alçapão)* — O senhor tem um alçapão na sala! Parece que tem uma inundação aí debaixo.

GUILHERME — É um rio subterrâneo.

APOLÔNIO — Um rio?

GUILHERME — Quando meu pai fez a casa, ele queria ter uma adega subterrânea. Escavaram e encontram uma caverna, com um rio. Ele decidiu deixar o alçapão para poder pescar sem sair de casa.

APOLÔNIO — Pescava alguma coisa aqui?

GUILHERME — Ele nunca tentou. Ele era...

APOLÔNIO — Ator.

GUILHERME — É... Mas ele era...

APOLÔNIO — Ator de teatro.

GUILHERME — É... Mas ele era...

APOLÔNIO — Ator de teatro famoso.

GUILHERME — É... Mas ele era... *(antes que o investigador o interrompa novamente)* Excêntrico.

APOLÔNIO — Ah! Disso eu não sabia.

APOLÔNIO *(muito sério)* — E a sua mulher?

GUILHERME — Morreu, digo, mudou, quero dizer, foi viajar.

APOLÔNIO — E deixou a luz acesa?

GUILHERME — Ela sempre deixa.

APOLÔNIO — E o senhor não subiu para apagar?

GUILHERME — Eu nunca subo lá. Ela toca o piano o tempo todo. Me incomoda.

APOLÔNIO — É pianista?

GUILHERME — Atriz.

APOLÔNIO — Atriz? Famosa?

GUILHERME — É... No teatro.

APOLÔNIO — E toca piano?

GUILHERME — Muito mal. A mãe era dessas que obriga as filhas a estudar piano. A irmã, sim, toca bem, mas a minha mulher tocava...
APOLÔNIO — Tocava?
GUILHERME — Tocava... Tocava pior do que ela toca hoje.

O investigador se aproxima de Guilherme, que se sente claramente intimidado.

APOLÔNIO — E vai demorar pra voltar?
GUILHERME — Vai.
APOLÔNIO — Muito?
GUILHERME — Na verdade, ela me abandonou.
APOLÔNIO — Que chato.

Apolônio olha para o chão. Pisou em algo. Ele se abaixa para pegar, examina o objeto e mostra para Guilherme.

APOLÔNIO — E isso?
GUILHERME — O quê?
APOLÔNIO — Parece um cartucho de bala. De um trinta e oito.
GUILHERME *(tira do bolso o revólver)* — Como esse aqui?

O investigador salta sobre Guilherme, derruba-o no chão, arranca o revólver da mão dele e o imobiliza.

APOLÔNIO — Sabe quantos anos de cadeia você pode pegar por atentar contra a vida de um policial?

GUILHERME — Eu só tava mostrando.
APOLÔNIO — Mostrando?
GUILHERME — Se o senhor me soltar, eu explico.

O investigador solta Guilherme. Eles se levantam.

APOLÔNIO — Começa.
GUILHERME *(apontando para a caixa das fitas)* — Tá vendo aquela caixa?
APOLÔNIO — Que que tem na caixa?
GUILHERME — Agora, não tem nada.
APOLÔNIO — E antes?
GUILHERME — Antes de quando?
APOLÔNIO *(impaciente e agressivo)* — Vai começar de novo?
GUILHERME *(acuado)* — Antes tinha o filme.
APOLÔNIO — Filme?
GUILHERME — É naquela caixa que eu guardo o documentário que eu tô fazendo, os filmes antigos que eu fiz do meu pai. Meu filme é sobre o meu pai. E a minha mulher escond... Quer dizer, eu perdi a chave do cadeado e tive que atirar para abrir a caixa para pegar as fitas. Entendeu?

O Investigador examina a caixa. Pega no chão os restos do cadeado destruído pela bala.

APOLÔNIO — Parece que foi isso mesmo *(examinando a arma)*. Só que aqui faltam duas balas.

GUILHERME — Eu errei o primeiro tiro.
APOLÔNIO — Mas eu só ouvi um tiro.
GUILHERME — O primeiro ou o segundo?
APOLÔNIO — O senhor deve saber.
GUILHERME — Eu só disparei. O senhor ouviu.
APOLÔNIO — Disparou um depois do outro?
GUILHERME — E um antes do outro. O segundo, depois do primeiro. O primeiro, antes do segundo. A questão é: qual dos dois o senhor ouviu?
APOLÔNIO *(confuso)* — Disparou os dois do mesmo lugar?
GUILHERME — Faz diferença?
APOLÔNIO *(nervoso, procurando o segundo cartucho pelo chão)* — Disparou os dois tiros daqui?
GUILHERME — Não lembro.

O investigador caminha pelo espaço a esmo, os olhos fixos no chão, à procura do segundo cartucho. Até que, subitamente, ele se vê diante do alçapão.

APOLÔNIO — E esse alçapão? O que tem aí embaixo?
GUILHERME — Eu já disse. Tem o rio.
APOLÔNIO — E pra que o senhor precisa de um cadeado tão grande no alçapão? O senhor tem medo que saia alguma coisa assustadora daí debaixo?
GUILHERME — A verdade é que sim.

O investigador ri. Guilherme ri, nervoso. Ambos riem muito.

APOLÔNIO *(subitamente sério)* — E o que é que pode sair daí debaixo? Um monstro? Um zumbi?
GUILHERME — Zumbi?

Guilherme ri. O investigador permanece sério.

APOLÔNIO — É. Um morto-vivo.
GUILHERME — O senhor tá falando sério?
APOLÔNIO — Claro que eu tô. Cadê a chave?
GUILHERME — Eu não sei.
APOLÔNIO — Eu já imaginava.

Apolônio tira o revólver do bolso e o aponta para Guilherme.

APOLÔNIO — Mas sabe usar isso!

Guilherme vira o rosto com medo de ser atingido pelo disparo. O investigador dispara no cadeado. Vai até o alçapão e arranca o cadeado com brutalidade. Abre o alçapão. O ruído do rio soa mais alto. O investigador olha para baixo. Tira uma lanterna do bolso. Ilumina o alçapão. Grita, quase histérico.

APOLÔNIO — Minha nossa!

Guilherme percebe que não era o alvo do disparo, mas seu pânico aumenta diante da reação de espanto do investigador.

APOLÔNIO *(estupefato)* — É tudo verdade!
GUILHERME — O quê?

APOLÔNIO *(aponta o facho de luz para o alçapão)* — Ali, embaixo.

GUILHERME — Quem?

APOLÔNIO *(apontando o facho de luz da lanterna na cara de Guilherme)* — Quem? O senhor disse "quem"?

GUILHERME — Disse?

APOLÔNIO — Disse. Eu ouvi.

GUILHERME — Viu o quê?

APOLÔNIO — "Vi", não. "Ouvi."

GUILHERME — O quê?

APOLÔNIO — "O quê", não. "Quem."

GUILHERME *(amedrontado)* — Quem?

APOLÔNIO — O senhor. Eu ouvi.

GUILHERME — O quê?

APOLÔNIO — "Quem."

GUILHERME — Eu não tô entendendo.

APOLÔNIO — Mas foi o senhor mesmo que disse.

GUILHERME — Disse o quê?

APOLÔNIO — Eu já disse: "quem".

Guilherme, desesperado, corre até o alçapão para tirar a dúvida com os próprios olhos.

GUILHERME — Não tem nada lá!

APOLÔNIO *(apontando a lanterna para o fundo)* — Como, não? Olha lá! *(maravilhado)* Que violência!

GUILHERME *(sem entender)* — Que violência?

APOLÔNIO — Da correnteza! Quando o senhor me falou

que tinha um rio aí embaixo eu não imaginei que fosse assim. Violentíssimo.

Guilherme, quase sem fôlego, senta na poltrona, transtornado. Apolônio sorri perversamente ao ver o estado de perturbação de Guilherme. Fala com muito cinismo.

APOLÔNIO — O seu comportamento é meio estranho, meu amigo...
GUILHERME — Estranho, como?
APOLÔNIO — Como o comportamento... dos culpados.
GUILHERME — Culpado de quê?
APOLÔNIO — Todo mundo é culpado de alguma coisa. A eterna culpa!
GUILHERME — Como dizia meu pai, a culpa é um sentimento dos fracos.
APOLÔNIO — O senhor me parece um pouco obcecado pelo seu pai. Tô enganado?
GUILHERME — Talvez um pouco.
APOLÔNIO — Tô um pouco enganado ou o senhor é um pouco obcecado?
GUILHERME — Um pouco dos dois.

Apolônio caminha pelo ambiente com os braços abertos, mexendo os dedos, como se sentisse algo no ar.

APOLÔNIO — Seu pai morreu, mas é como se ele ainda estivesse aqui. Eu sinto a presença dele.
GUILHERME — Eu não acredito em fantasmas.

APOLÔNIO — Eu também, não. Mas acredito... nas partículas.

GUILHERME — Partículas?

APOLÔNIO *(apaixonado)* — Nêutrons, prótons, elétrons, léptons, mésons, bárions, fótons, grávitons... quarks!

GUILHERME — Quarks?

APOLÔNIO — Quarks! Somos feitos de partículas, meu amigo. As mesmas partículas criadas na explosão que gerou o universo! *Big bang*!

GUILHERME — Eu acho que eu não tô entendendo bem aonde o senhor quer chegar.

APOLÔNIO — À alma!

GUILHERME — Alma? Que alma, exatamente?

APOLÔNIO — A alma humana. A minha, a sua, a do seu pai... a da sua mulher.

GUILHERME — Minha mulher era uma desalmada.

APOLÔNIO — Era?

GUILHERME — É... Era desalmada comigo, antes...

APOLÔNIO — Antes de quando?

GUILHERME — Antes de... me abandonar.

APOLÔNIO *(fingindo compaixão)* — Desalmada.

GUILHERME — Exatamente. Ela não tinha alma.

APOLÔNIO — Aí é que o senhor se engana.

GUILHERME — Eu tô falando no sentido figurado.

APOLÔNIO — Mas eu não. Eu tô falando da alma eterna.

GUILHERME — Ah! Nessa alma, eu nunca acreditei.

APOLÔNIO — Não? Morreu, acabou?

GUILHERME — Morreu, acabou.

APOLÔNIO — O senhor sabia que somos feitos do pó de estrelas mortas?

GUILHERME *(intrigado)* — Somos?

APOLÔNIO — As partículas que formam os nossos corpos um dia formavam corpos estelares que já não brilham mais.

GUILHERME — Interessante.

APOLÔNIO — O que as pessoas chamam de alma de fato existe, mas não do jeito que as pessoas imaginam.

GUILHERME *(mais interessado)* — Mas se existe alma...

APOLÔNIO *(interrompendo)* — ... ela é feita de partículas!

GUILHERME — O senhor quer dizer, a pessoa morre, e os quarks saem voando por aí?

APOLÔNIO — Não, exatamente. As partículas dos mortos orbitam em torno das partículas dos vivos, como almas acorrentadas.

GUILHERME *(estranhamente perplexo)* — Almas acorrentadas?

APOLÔNIO — Sim... Nós arrastamos as almas dos mortos acorrentadas nas nossas almas. O senhor, por exemplo: quase posso ver a alma do seu pai acorrentada na sua. Mas tem alguma outra perturbação aí, à sua volta. Talvez partículas de uma outra pessoa...

GUILHERME *(tentando ser irônico para disfarçar o nervosismo)* — Acho que o senhor está vendo coisas.

APOLÔNIO — Infelizmente, não podemos ver as partículas. Se pudéssemos, o senhor veria muitas almas acorrentadas na minha.

GUILHERME — Por quê?

APOLÔNIO — Porque eu matei muita gente.

Guilherme fica assustado.

APOLÔNIO — Hoje mesmo, agora há pouco, pertinho daqui...

Guilherme sente-se ameaçado.

APOLÔNIO — Era um inimigo do povo.
GUILHERME — Inimigo do povo?
APOLÔNIO — Eu chamo de inimigos do povo os criminosos em geral: corruptos, estelionatários, assaltantes, traficantes, estupradores, assassinos... Principalmente, os assassinos.
GUILHERME — O senhor está querendo me assustar?
APOLÔNIO — De jeito nenhum. O senhor não precisa ter medo de mim, a menos que seja um inimigo do povo como o sujeito que eu matei antes de ouvir o seu disparo... Ele tinha estuprado e matado a facadas oito garotinhas de oito anos. Sabe o que eu fiz com ele?
GUILHERME — Esfaqueou o inimigo do povo oito vezes?
APOLÔNIO — Meti a cabeça dele naquele córrego que fica pertinho daqui. Deixei ele levantar a cabeça para respirar oito vezes. Um batismo de justiça. Cada vez que ele levantava a cabeça eu apertava o pescoço do filho da puta. Estrangulamento a prestações. Não vai demorar muito pra alguém achar o corpo dele boiando naquelas águas lamacentas do córrego.

GUILHERME — Mentira!
APOLÔNIO — Não. É tudo verdade. Olha só...

Apolônio tira do bolso da capa um par de luvas negras, visivelmente manchadas de sangue. Ele joga as luvas em Guilherme.

APOLÔNIO — Tá vendo o sangue fresco nas minhas luvas? Quebrei uns dentes do filho da puta antes de acabar com ele.
GUILHERME — O que é isso?
APOLÔNIO — Sempre uso luvas para estrangular. Você sabe como é... Impressões digitais.
GUILHERME *(deixando cair o par de luvas no chão)* — O senhor está se divertindo às minhas custas na minha própria casa? Onde já se viu? Impressões digitais no pescoço!
APOLÔNIO — O senhor ia ficar admirado se soubesse o que a polícia técnica faz hoje em dia. Se eles encontram o cadáver em pouco tempo, eles descobrem as marcas dos dedos assassinos. Se eles encontrarem um fiozinho do meu bigode no cadáver, eles podem descobrir de que bigode veio o fio.
GUILHERME — E como o senhor tem certeza de que não ficou nenhum fiozinho?
APOLÔNIO — Ficaram muitos.
GUILHERME — E o senhor não tá preocupado com isso?
APOLÔNIO — Não.
GUILHERME — Por quê?

Em um gesto brusco e teatral, o investigador Apolônio arranca o bigode postiço de seu rosto.

APOLÔNIO — Por isso!

Guilherme tem uma reação de espanto e admiração. Parece ter visto um fantasma. Tapa a própria boca com a mão, como se quisesse conter um grito.
O investigador não entende a reação de Guilherme e o observa intrigado. Guilherme parece agora enlevado. Ele estica as mãos para frente e anda depressa até Apolônio. Em um gesto inesperado, tenta arrancar os óculos do investigador, que se sente acuado e não sabe como reagir.

GUILHERME — Deixa eu ver seus olhos!
APOLÔNIO — Que é isso?

Guilherme parece um louco. Grita de maneira autoritária com o investigador.

GUILHERME *(arrancando os óculos e o chapéu do investigador)* — Me deixa ver seus olhos!

Apolônio é incrivelmente parecido com Cláudio, um sósia, porém mais jovem. Guilherme mais uma vez fica assombrado. Agora, entretanto, não está mais assustado. Está radiante de felicidade.

GUILHERME — Não é possível!

APOLÔNIO *(assustado)* — O quê?
GUILHERME — Menecma!

O investigador não sabe se o que ouviu é um elogio ou uma ofensa. Guilherme tenta se explicar.

GUILHERME — O senhor, meu pai... *(ato falho)* Pai-recidíssimos.
APOLÔNIO — Eu? Seu pai?
GUILHERME — Parecidos. Não! Idênticos!
APOLÔNIO — Verdade?

Apolônio se aproxima do monitor de vídeo e observa com mais atenção a imagem congelada de Cláudio em close.

APOLÔNIO — Verdade.

Guilherme estende os braços, um apontado para o investigador e outro para o monitor, ao mesmo tempo.

GUILHERME — Idênticos! Menecmas!

O investigador olha para Guilherme suspeitando da palavra "menecma".

GUILHERME — Agora já sei por que o senhor está aqui. Foi o destino.
APOLÔNIO — Não. Foi o tiro.

GUILHERME — O tiro foi parte do destino. O senhor veja, eu tô justamente trabalhando na cena final do meu filme... Mas não tá perfeito. Eu preciso terminar com uma imagem do meu pai...

APOLÔNIO — Morto?

GUILHERME — Quase. Eu preciso de uma imagem do meu pai dizendo suas últimas palavras.

APOLÔNIO — Na hora da morte?

GUILHERME — Exatamente.

APOLÔNIO *(apontando para si próprio)* — Menecma?

GUILHERME *(eufórico)* — Se a gente usar um pouco de maquiagem, as roupas certas... Eu tenho a cadeira de rodas dele aqui...

APOLÔNIO — O senhor por acaso quer que eu finja que eu sou o seu pai?

GUILHERME — Quero que o senhor faça o papel do meu pai. O senhor mesmo se ofereceu pra trabalhar comigo num filme, não lembra?

APOLÔNIO — O senhor quer que eu diga um negócio aí e depois eu morro? Não sei se vai dar, não.

GUILHERME — O senhor fez muito bem agora há pouco o papel de quem mata. Por que não o de quem morre?

APOLÔNIO — Aquilo foi natural.

GUILHERME — Eu pago. Quanto você ganha por mês? Eu pago o dobro. Duas horas de trabalho e você ganha duas vezes o salário de um mês.

APOLÔNIO *(entrando no jogo)* — Que é que eu tenho que falar?

Guilherme volta até o equipamento de vídeo e começa a manipular os controles sem se sentar. Está incontrolavelmente eufórico.

GUILHERME *(voltando a fita ao princípio)* — Tá gravado aqui.

Entra o fragmento do documentário onde antes Guilherme gravou a locução, acompanhada do som do piano mal tocado, gravado acidentalmente. Ao ouvir os primeiros acordes do piano, Guilherme entra em pânico. Olha para cima apavorado. Deixa escapar o seu grito gutural de angústia. Apolônio fica perplexo. Guilherme se arrasta até a escada em caracol aos prantos, enquanto as mesmas imagens do funeral são exibidas nos telões, com a narração de Guilherme. Incomodado com a confusão, Apolônio aperta stop *no vídeo. A voz e o piano param. Guilherme se levanta, vai até a mesa, constata que o piano que ouviu está gravado na mesma fita da narração. Ele ri como um louco. Em seguida, desmaia.*
  Blecaute. Silêncio total.
  Acendem-se os telões. Cláudio, grisalho, moribundo, olha para câmera em primeiro plano.

CLÁUDIO *(no vídeo)* — Hoje o dia não é digno da minha pessoa.

A imagem permanece por alguns segundos. Então, os telões apagam e as luzes do cenário acendem. Voltam os sons da chuva, das goteiras e do rio. Relâmpagos ocasionais e trovões longínquos. Guilherme está atrás de uma câmera de vídeo. O investigador Apolônio, sentado numa cadeira de rodas, maquiado e vestido como Cláudio. São idênticos.

GUILHERME — Corta. *(Apolônio não reage)* Eu disse "corta"! *(Apolônio ainda não reage)* "Corta" quer dizer que pode parar de interpretar.
APOLÔNIO *(levantando a cabeça)* — Ficou bom?
GUILHERME — Não tá mal.
APOLÔNIO — Posso ver?
GUILHERME — Melhor, não. Vamos tentar outra vez. Você tem que olhar mais profundamente. Você é um rei, um César, um Deus do Olimpo...
APOLÔNIO *(incomodado com a crítica)* — Pensei que eu fosse o seu pai.
GUILHERME — Precisamente... *(orgulhoso)* Meu pai!
APOLÔNIO — Sabe que você tá me lembrando o personagem de um filme que eu vi uma vez. Ele também vivia falando "meu pai isso, meu pai aquilo", muito parecido com o jeito que você fala.
GUILHERME — E daí?
APOLÔNIO — Daí que o homem era um psicopata homicida. Inimigo do povo. Você sabe o que eu gosto de fazer com os inimigos do povo.
GUILHERME *(humilde)* — Desculpa. A culpa é minha. Eu sou o diretor. Você é só o ator.
APOLÔNIO — Seu pai também era só o ator.
GUILHERME — Era "o" ator.
APOLÔNIO — Foi o que eu disse.

GUILHERME — Você disse "só o ator". Ele era "o" ator. Sem só.
APOLÔNIO — Sem só? O ator? Só?
GUILHERME — Só. O ator. Quer dizer: o ator e mais nada.
APOLÔNIO — Mais nada, não. Também era o seu pai. *(querendo ser engraçado)* Ou será que a sua mãe...?

Guilherme olha para Apolônio com ódio.

APOLÔNIO — Foi só uma piada.

Alguém bate na porta. Guilherme parece assustado.

APOLÔNIO — Não vai abrir a porta?
GUILHERME — Ninguém vem aqui. A gente tá no meio do nada.

Outra batida na porta.

APOLÔNIO — Tem alguém aí.

Guilherme anda até a porta, segura a maçaneta. As batidas soam novamente, mais fortes e mais rápidas, indicando impaciência. Imediatamente, Guilherme afasta a mão da maçaneta.
O investigador, impaciente com a hesitação de Guilherme, levanta facilmente da cadeira de rodas, caminha decidido rumo à porta e a abre. Guilherme fica praticamente atrás da porta, sem poder ver quem está do lado de fora. Ele ouve apenas um grito de mulher, aterrorizada, seguido do som de um corpo

que cai no chão. Apolônio fica exasperado e atravessa a porta apressado, saindo de cena.

APOLÔNIO — Puta merda!

Guilherme permanece atrás da porta, quase escondido, ao mesmo tempo assustado e curioso.

Em poucos segundos, Apolônio entra pela porta, carregando nos braços uma mulher idêntica a Giulia, usando o mesmo vestido, todo molhado, sujo de barro e com uma mancha vermelha na altura do abdômen: no mesmo lugar onde o vestido de Giulia ficou manchado de sangue.

Ao ver a mulher nos braços de Apolônio, Guilherme dá um grito gutural e desmaia.

Blecaute. Silêncio total.

Volta o som da chuva. Outra vez o som do rio que corre debaixo da sala. Soam as goteiras metálicas. A luz que vem da invisível parte superior do cenário ilumina outra vez a escada em caracol. Um relâmpago, um trovão, e acende-se a luz. O cenário volta a ser como no princípio: o chão de areia e pedras, os móveis velhos e empoeirados. A mulher idêntica a Giulia está acomodada na poltrona, inconsciente. Guilherme está sentado no chão, junto à mesa, com os punhos presos por algemas, atrás do pé da mesa, imobilizado. Ele está amordaçado com o cachecol que Apolônio usava antes. Apolônio está sentado na cadeira de Guilherme, diante do equipamento de vídeo, observando, nos telões, a imagem congelada de Giulia empurrando Cláudio em sua cadeira de rodas.

Guilherme pode ver a mulher idêntica a Giulia deitada no sofá, inconsciente. Ele tenta gritar, mas o cachecol sufoca sua voz. Apolônio percebe que Guilherme despertou do desmaio. Ele se abaixa junto ao prisioneiro e fala com ele com um tom cruelmente sádico.

APOLÔNIO — Não esperava ver essa mulher de novo, não é? Que será que aconteceu com ela? Morreu? Não. Mudou? Não. Viajou? Não, não. Ela te abandonou, certo?

Guilherme fica desesperado, enquanto Apolônio se delicia em torturá-lo.

APOLÔNIO — A-há! Pois agora ela voltou, não é? Que bom! Assim que ela acordar eu peço pra ela apagar a luz lá em cima, que ela esqueceu acesa, pode ser?

Guilherme se debate.

APOLÔNIO — Você não vai se incomodar se eu tiver uma conversinha com ela, vai?

Guilherme se debate ainda mais, quer gritar. O investigador mantém o cinismo sádico.

APOLÔNIO — Será que ela me conta por que que ela abandonou o senhor? Quer dizer, pra onde ela foi viajar? Quer dizer, pra que endereço ela se mudou? Quer dizer... *(acusador)* como foi que ela quase... *(grita)* morreu?

O grito do investigador é tão alto que faz a mulher no sofá recobrar a consciência. Ela geme, está atordoada. Apolônio corre até a mulher.

APOLÔNIO — Tá tudo bem com a senhora?

A mulher se encolhe no sofá e solta um grito de pavor. Apolônio fica um pouco perdido, sem saber se se afasta ou se aproxima dela.

APOLÔNIO — Calma, calma. Eu não sou quem a senhora pensa que eu sou.
JULIE — Menecma?
APOLÔNIO — Menequíssimo! Seu marido me contratou para representar seu falecido sogro. É... uma cena do documentário.
JULIE — Ele não é meu marido.
APOLÔNIO — Entendo que vocês possam estar passando por uma fase complicada no casamento, mas...
JULIE — Eu não sou quem o senhor pensa que eu sou.
APOLÔNIO *(como se dissesse "eureka!")* — Menecma! Outra atriz!
JULIE — Não. Outra pessoa.
APOLÔNIO — A senhora me desculpe. Tomei a liberdade de dar uma olhada no filme que este cidadão tá fazendo sobre o pai dele... *(apontando para a imagem de Giulia nos telões)* Eu vi a senhora lá, eu vi a senhora entrar, eu vi ele desmaiar *(tentando organizar o pensa-*

mento) Aquela senhora lá não é a senhora ou aquela senhora lá é a senhora, mas não é mulher dele?

JULIE — Aquela mulher lá é a mulher dele.

APOLÔNIO — E ele não é o seu marido?

JULIE — Ele é o meu cunhado.

APOLÔNIO — A senhora é...

JULIE — Julie. Ele se casou com a Giulia.

APOLÔNIO — Júlia?

JULIE — Giulia. Ele se casou com a Giulia. Ia se casar comigo, mas se casou com ela.

APOLÔNIO — Ia se casar com a Giulia, mas se casou com a...

JULIE (*estendendo a mão*) — Julie. Muito prazer.

APOLÔNIO (*beijando a mão de Julie*) — Muito prazer, Apolônio.

JULIE (*surpresa*) — Outro Polônio? Eu não sabia que ele tinha um irmão.

APOLÔNIO — Não, não. É só uma coincidência.

JULIE — Mesma cara? Mesmo nome?

APOLÔNIO — Quase o mesmo nome, a mesma cara... quase. Tem um pouquinho de maquiagem aqui. Eu sou bem mais jovem que o...

JULIE — Polônio! Menecma até no nome.

APOLÔNIO — Menecma.

JULIE — E ela?

APOLÔNIO — Ela?

JULIE — A minha irmã.

APOLÔNIO — A do filme?

JULIE — Ela mesma. Cadê ela?

APOLÔNIO — É um assunto delicado. Vocês são...

JULIE — Gêmeas. Dessas que usam a mesma roupa do dia que nascem até o dia que morrem.

O investigador começa a andar de um lado para o outro, com a expressão de quem está juntando as pistas.

APOLÔNIO — E ele ia se casar com a senhora, mas se casou com ela...

JULIE — A gente já falou sobre esse assunto. Por que você prendeu ele?

APOLÔNIO — Porque eu me enganei. Ou será que eu não me enganei?

JULIE — Todo mundo se engana com gêmeas. Eu sou quem eu disse que eu sou. Eu não sou ela.

APOLÔNIO — Eu sei. Mas eu não sabia antes. Ele também. Ele se enganou com a senhora... e desmaiou. Desmaiou por quê?

JULIE — Porque ele se enganou, ora. O senhor mesmo disse.

APOLÔNIO — Eu não disse isso.

JULIE — Disse.

APOLÔNIO — Não, não. Eu não disse "porque". Eu disse "e". Causa e efeito. O desmaio é efeito do engano, mas o engano não é causa do desmaio.

JULIE — Não?

APOLÔNIO — Não. O desmaio foi provocado pelo engano, mas o engano não explica o desmaio.

JULIE — Por que não? Ele sempre desmaia.

APOLÔNIO — Sempre?

JULIE — Sempre que acontece alguma coisa que...

APOLÔNIO — A-há! Sempre que acontece alguma coisa!

JULIE *(preocupada)* — O que aconteceu com a Giulia?

APOLÔNIO — Eis a questão!

JULIE — Ela não tá lá em cima?

APOLÔNIO — Parece que ela primeiro foi viajar e depois...

Ignorando o investigador, Julie corre até Guilherme, agarra os ombros dele e começa a sacudi-lo.

JULIE — Cadê ela? Onde é que ela tá?

Amordaçado, Guilherme não pode responder. Repentinamente, Julie se levanta e anda resoluta até a escada espiral. Rapidamente, ela sobe os degraus. No andar de cima, o piano soa outra vez. Primeiro, como antes: desafinado, errado. Guilherme se debate. Apolônio percebe. Em alguns instantes, porém, os dedos que percutem as teclas se corrigem. Ouve-se um trecho curto de uma triste melodia clássica. Apolônio observa a reação de Guilherme ao som do piano impecavelmente tocado: Guilherme para de se debater. Seus olhos expressam surpresa. O piano para. Soam no andar de cima ruídos de portas sendo abertas e fechadas. Móveis sendo arrastados. O quarto está sendo revistado. Passos. Julie aparece descendo a escada.

JULIE — O senhor disse que ela foi viajar?

APOLÔNIO — Não, eu só repeti. Quem disse foi ele.

Julie percebe que Guilherme está transtornado. Sente pena dele. Ela se aproxima de Guilherme, que se encolhe, assustado. Julie afrouxa o cachecol e o abaixa. Pode-se ver agora que Guilherme está chorando. Julie fala com ternura.

JULIE — Tudo bem?

Guilherme não responde.

APOLÔNIO — Não vai cumprimentar a sua cunhada?
GUILHERME *(desconfiado)* — Seu vestido tá todo molhado.
JULIE — Não trouxe guarda-chuva. Descuidada. Esqueci como chove nesse fim de mundo. O táxi atolou na estrada e...
GUILHERME — Seu vestido tem uma mancha vermelha.
JULIE — Aqui? Ah! Verteu-se um pouquinho de vinho. Foi a moça que me serve o almoço.
APOLÔNIO — Uma mancha curiosa. Um leigo não saberia diferenciá-la de uma mancha de sangue.
GUILHERME — Que bobagem.
JULIE — Como assim, um leigo?
APOLÔNIO *(orgulhoso)* — Sou investigador de polícia, minha senhora.
JULIE *(sedutora)* — Senhora, quando for própria a hora. Senhora, seria se aquele senhor que agora chora tivesse me dado a honra de ser sua senhora. Entre nós... *(estende a mão)* senhorita.
APOLÔNIO *(beijando a mão de Julie)* — Senhorita.

GUILHERME *(ainda incrédulo)* — Você viajou oitocentos quilômetros pra chegar aqui e não trouxe mala.
JULIE — Mas eu trouxe.
GUILHERME — Não era uma pergunta.
APOLÔNIO — A senhorita viajou oitocentos quilômetros pra chegar aqui e não trouxe mala?
JULIE — Agora é uma pergunta?
APOLÔNIO — Agora é.
JULIE — Minha mala tá lá, do lado da porta.

Apolônio olha em direção à porta. Guilherme faz um esforço para olhar para trás e ver a porta. Não há mala.
Julie percebe a confusão.

JULIE — Eu quis dizer do lado de lá, do outro lado da porta, do lado da porta.

Apolônio caminha resoluto até a porta e a abre. Sai por ela. Em instantes, ele entra carregando uma pequena maleta de viagem. E a coloca diante de Guilherme.

JULIE *(coquete)* — Muito obrigada, o senhor é muito gentil. Um cavalheiro.

Apolônio fica envaidecido. Olha para Julie como se fosse um pretendente. Guilherme olha fixamente para a mala. Sua expressão fica mais relaxada.
Agora, ele quer acreditar que se trata mesmo de Julie.

GUILHERME — Julie? Mesmo?

Julie se abaixa junto a Guilherme, faz um carinho na cabeça dele. Em seguida, beija Guilherme na boca. É um beijo demorado, apaixonado. Apolônio observa a cena com uma ponta de ciúme. Quando o beijo acaba, Julie se levanta indignada e fica cara a cara com Apolônio.

JULIE — Solta ele... *(dando uma bofetada no rosto de Apolônio)* ... seu bruto.

Intimidado, Apolônio se apressa em tirar uma chave do bolso e, ato contínuo, solta as algemas que prendem as mãos do prisioneiro. Guilherme se levanta. Corre até Julie e abraça a mulher com extrema felicidade.

APOLÔNIO *(interrompendo o idílio)* — Parece que a gente tem que falar outra vez da senhora sua mulher.
JULIE *(empurrando Guilherme)* — Onde é que ela tá?
APOLÔNIO — Onde é que ela tá?
GUILHERME *(acuado)* — Já disse: ela me abandonou.
JULIE — Não!
GUILHERME — Sim.
JULIE — Ele me disse que ela tinha ido viajar, depois me disse que foi você que disse? Aonde ela foi?
GUILHERME — Não sei. Ela me abandonou.
JULIE — E não levou nada de roupa?
GUILHERME — Não? Não sei. Eu não vi quando ela saiu.
APOLÔNIO — Saiu por onde?

GUILHERME — Pelo... Suponho que pela porta.

APOLÔNIO — E não levou nada de roupa...

GUILHERME — Já disse que eu não sei.

APOLÔNIO — Não era uma pergunta. Por acaso minha entonação era de pergunta?

JULIE — De maneira nenhuma. Era a perfeita entonação de quem deixa escapar de propósito um pedaço de pensamento para revelar uma suspeita... *(imitando o tom do investigador)* "E não levou nada de roupa".

APOLÔNIO — Nem mesmo um vestido branco, manchado de...?

GUILHERME — Agora é uma pergunta?

APOLÔNIO — Agora é, apesar da entonação.

GUILHERME — Minha mulher não bebe vinho. Só bebe champanhe. Champanhe não mancha assim.

APOLÔNIO — Ahá!

JULIE — Por que você chamou a polícia?

GUILHERME — Eu não chamei. Ele veio sozinho.

JULIE — E por que ele tá vestido e maquiado como se fosse o seu pai?

APOLÔNIO — Ele me contratou para interpretar o pai dele, na hora da morte.

JULIE — Morte?

GUILHERME — A morte do meu pai.

APOLÔNIO — Podia ser outra?

GUILHERME — Morte?

APOLÔNIO — Morte.

GUILHERME — Que outra morte?

APOLÔNIO — Morte por tiro, por exemplo.

JULIE — Tiro?

APOLÔNIO — Ouvi um tiro. Vim verificar. Contei que tinha experiência como ator...

GUILHERME — Ele tirou o bigode falso e eu não acreditei. Eu gritei...

APOLÔNIO — Menecma! E me contratou para interpretar o pai dele na hora...

GUILHERME — Na hora da morte.

JULIE — Isso resume a história para quem como eu só chegou agora.

Guilherme e Apolônio se entreolham, orgulhosos pelo resumo sintético que fizeram da história.

JULIE — Quem deu o tiro?

APOLÔNIO — Os tiros.

JULIE — Os?

GUILHERME — Eu dei dois...

JULIE — Tiros?

APOLÔNIO — Eu só ouvi um...

JULIE — Tiro?

Guilherme e Apolônio falam quase ao mesmo tempo:

GUILHERME — Tiro.

APOLÔNIO — Tiro.

JULIE — Agora eu ouvi dois...

APOLÔNIO & GUILHERME *(exatamente ao mesmo tempo)* — Tiros?

Julie apenas olha para os outros dois, que se entreolham. Não sabem como continuar.

GUILHERME — Vai ver que ele não ouviu um dos tiros porque estava muito concentrado num certo pescoço à continuação do qual havia uma certa cabeça na qual ele também estava concentrado enfiando e tirando da água suja do córrego.
JULIE — Não entendi.
APOLÔNIO — Eu matei um homem aqui perto, senhor... senhorita. Era um assassino. Ele, quero dizer. Um inimigo do povo.
JULIE — Inimigo do povo?
APOLÔNIO — Eu chamo de inimigos do povo os...
GUILHERME — Não precisa explicar de novo. Ela já entendeu.
JULIE — Quer dizer que o senhor é um policial assassino?
APOLÔNIO — Eu tenho os meus conflitos profissionais.
GUILHERME — Você é um justiceiro, isso sim!
JULIE *(fascinada)* — Que fascinante: o bem e o mal convivendo na mesma pessoa em igual proporção. Por que não bebemos um pouco de champanhe?
GUILHERME — Você não bebe champanhe. Champanhe te faz mal.
JULIE — Você tem vinho?
GUILHERME — Aqui a gente só bebe champanhe.
JULIE — Por isso eu não pedi vinho.

Contrariado, Guilherme sai pela mesma porta por onde saiu antes. Desta vez deixa a porta propositadamente aberta.

APOLÔNIO — O vinho é uma das minhas paixões...
JULIE — Agora não é hora de falar de beber.
APOLÔNIO — Mas você pediu champanhe.
JULIE — Foi só para ele sair da sala. Quando três personagens estão em cena e dois deles precisam ficar sozinhos, tem que ter um motivo para o terceiro sair. Você não é ator?
APOLÔNIO — Amador. *(tentando abraçar Julie)* Eu também queria ficar sozinho com você.
JULIE *(empurrando o investigador)* — Você tá pensando o mesmo que eu?
APOLÔNIO *(tentando abraçar Julie novamente)* — Aposto que sim.
JULIE — Então vamos ter que fazer o que precisa ser feito, mesmo que eu ainda seja apaixonada por ele.
APOLÔNIO — Faremos.
JULIE — Sem testemunhas, a gente precisa de uma confissão, certo?
APOLÔNIO *(segurando as mãos de Julie e se aproximando para um beijo)* — Confesso o que você quiser.
JULIE *(empurrando Apolônio violentamente)* — Você?
APOLÔNIO — Quem mais?
JULIE — Quem matou minha irmã?
APOLÔNIO *(percebendo o equívoco)* — Ah! Você tava falando da sua irmã! Desculpa.

JULIE — Tá na cara que ele matou ela. O que ele fez com o corpo?

APOLÔNIO — Não dá pra saber se ele matou ela mesmo. É só uma suspeita.

JULIE — Ele tá desequilibrado. E a culpa é dela. Era, eu acho. Dela e daquele velho escroto.

APOLÔNIO — O pai?

JULIE — O pai dele.

APOLÔNIO — Por que ele casou com ela?

JULIE — O pai obrigou.

APOLÔNIO *(pensativo)* — O pai dele...

JULIE — É.

APOLÔNIO — Não era uma pergunta.

JULIE — Ah!

APOLÔNIO — Por quê?

Sem ter certeza se ouviu ou não uma pergunta, Julie apenas olha para Apolônio. Ela parece querer dizer algo, mas não diz. O investigador percebe a hesitação de Julie e se explica melhor.

APOLÔNIO — Por que o pai dele obrigou...?

JULIE — ... os dois a se casarem?

APOLÔNIO — É.

JULIE — Porque ela era amante dele.

APOLÔNIO *(confuso)* — Dele, o filho? Ou dele, o pai?

JULIE *(impaciente)* — O casamento era só fachada. Eles moravam todos juntos: pai, mãe, filho, esposa. Minha irmã era mulher, nora e amante ao mesmo tempo.

Apolônio parece sentir nojo do lugar onde está e das roupas que veste.

APOLÔNIO — Todo mundo aqui?

JULIE — Não. Eles se mudaram pra cá depois que a mãe dele... *(não consegue terminar a frase)*

APOLÔNIO — Morreu?

JULIE — Ela se matou.

APOLÔNIO — Que triste.

JULIE *(abalada)* — É... Aconteceu na minha família também.

APOLÔNIO — Sua mãe? *(Julie não responde)* Seu pai?

JULIE — Vamos mudar de assunto?

APOLÔNIO *(perplexo)* — Seu cunhado era seu noivo e foi obrigado a se casar com a mulher que ia pra cama com o pai dele...

JULIE — É um pouco mais complicado que isso.

APOLÔNIO *(estupefato)* — Mais?

JULIE — É... Minha irmã acha que... *(envergonhada)* Deixa pra lá. É segredo de família.

APOLÔNIO — Segredo? *(desconfiado)* Essa história tá muito mal contada e tem coincidência demais pro meu gosto.

JULIE — Virou crítico, agora?

APOLÔNIO — Não é conveniente? Ela desaparece, e você aparece.

JULIE *(indignada)* — Eu vim porque ela pediu. Ela tava com medo dele. Eu não acreditei, mas ela jurou. É minha irmã, você entende? Se ela tava como medo dele eu tinha que vir. Se ele matou ela, eu não posso perdoar.

APOLÔNIO *(satisfeito com a explicação)* — Tá bom. Faz sentido. Mas você acha que ele confessa?

JULIE — Se a gente ajudar um pouco, apertar um pouquinho...

APOLÔNIO — Não pratico tortura. Interrogatório limpo. Execução sumária.

JULIE — Não tô falando de tortura física. Ele tá louco. A gente tortura ele mentalmente.

APOLÔNIO — Não vai funcionar. Eu tentei, antes da senhorita chegar. Eu abri o alçapão e...

JULIE — Você não conhece ele. Eu conheço. Eu sei o que assusta ele de verdade. A partir de agora, você é Cláudio, e eu, Giulia.

APOLÔNIO — Como é que é?

Interrompendo a conversa, Guilherme entra furtivamente pela porta da esquerda empurrando um carrinho com champanhe num balde de gelo, três taças e um manuscrito encadernado. Abre o champanhe, produzindo o espoucar característico.

GUILHERME — O terceiro tiro, investigador.

Apolônio se surpreende. Julie fica aflita: não sabe se Guilherme ouviu o que eles tramavam.

GUILHERME — Eu preciso muito da atenção de vocês agora...

APOLÔNIO — O que o senhor disse?

GUILHERME — Eu preciso muito da atenção de vocês agora...

APOLÔNIO — Agora, não. Antes. O que o senhor disse antes?

GUILHERME — Antes?

APOLÔNIO — É. O senhor disse alguma coisa sobre o tiro...

GUILHERME — Ah! Foi só uma piada.

APOLÔNIO — Qual foi a piada?

GUILHERME *(aborrecido)* — Ah!... O terceiro tiro, investigador.

APOLÔNIO — Não, não. É o quarto.

Guilherme e Julie se olham, ambos sem entender. Apolônio fala com a empáfia de um Sherlock Holmes.

APOLÔNIO — Vejamos... Eu ouvi um tiro, certo?

GUILHERME/JULIE *(juntos)* — Certo.

APOLÔNIO — Eu entrei aqui para investigar o tiro e descobri que faltavam duas balas no revólver. Logo, dois tiros, certo?

GUILHERME/JULIE *(juntos)* — Certo.

APOLÔNIO — Muito bem... Um tiro mais um tiro, dois tiros e, então... *(vai até a porta do alçapão)* eu vi aqui um cadeado. "Onde está a chave?", eu perguntei.

GUILHERME/JULIE *(juntos)* — Não sei.

APOLÔNIO — Eu não perguntei agora, eu perguntei naquela hora. Agora eu só repeti o que eu perguntei naquela hora. E a resposta? Qual foi a resposta?

JULIE *(confusa)* — Não sei!

APOLÔNIO *(empolgado)* — Exatamente! Seu cunhado disse o quê? *(aponta para Guilherme)*

GUILHERME *(contrariado)* — Não sei.

APOLÔNIO *(autoritário)* — Sabe, sim. Qual foi a resposta?

GUILHERME *(irritado)* — Não sei.

APOLÔNIO — Isso!

JULIE *(mais confusa)* — Não sei se eu tô entendendo.

APOLÔNIO — Mas eu sei do que eu tô falando. Como não tinha chave eu... PUM! Dei um tiro no cadeado. Um tiro que eu ouvi, mais um tiro que eu não ouvi, mais um tiro que eu dei, três tiros. Certo?

GUILHERME/JULIE *(juntos)* — Certo.

APOLÔNIO — Então, estamos de acordo que o PUM que o senhor fez com a champanhe...

GUILHERME *(interrompendo)* — O champanhe.

APOLÔNIO — Eu sempre disse "a".

GUILHERME/JULIE *(juntos)* — Mas é "o."

APOLÔNIO — Será? E se for um substântivo de dois gêneros?

Guilherme e Julie se entreolham, surpresos com a desenvoltura gramatical do investigador. Não sabem se ele está certo ou errado. Ficam em silêncio. Apolônio sorri e retoma o raciocínio.

APOLÔNIO — Questões de gênero à parte, o que é importa é que o PUM da ou do champanhe não foi o terceiro tiro. Foi o quarto.

GUILHERME — O senhor acaba de estragar uma piada perfeita.
APOLÔNIO *(sarcástico)* — Sua piada foi criminosa. E, aos olhos da lei, não existe crime perfeito.
GUILHERME *(tentando mudar o foco da conversa)* — Dá pra gente falar sério agora?
APOLÔNIO *(ofendido)* — O senhor acha que eu tava brincando?
GUILHERME — Não. Eu tava. Agora eu quero falar sério. Tem uma coisa que eu fiz que... Eu preciso confessar.

Julie e Apolônio olham atentos para Guilherme, como se esperassem a confissão do crime.

GUILHERME — Não é muito fácil eu falar disso.
APOLÔNIO — Confessa. Alivia a alma. Deixa as partículas... *(faz um gesto que sugere que as partículas saem voando)*
GUILHERME — É que... Me dá um pouco de...
JULIE — Confessa! A gente tá aqui pra te ajudar.
GUILHERME *(olhando para Julie com ternura)* — Obrigado. Eu vou precisar mesmo muito da ajuda de vocês dois.

Apolônio e Julie se entreolham intrigados.

GUILHERME — Eu tive uma ideia pro meu documentário... É uma ideia meio maluca, mas acho que vai dar certo. *(pega o texto encadernado, sobre o carrinho de champanhe)* Eu tenho essa peça de teatro...

JULIE — Aquela?

GUILHERME — É. A única que eu escrevi. Aí eu vi vocês dois aqui e me veio essa ideia pro meu filme.

APOLÔNIO *(irônico)* — Seu pai, seu filme, agora sua peça...

GUILHERME — Exatamente! A gente lê a minha peça e eu filmo tudo, pra incluir no meu documentário.

JULIE — A gente lê?

GUILHERME — É. Nosso amigo investigador pode ler como se fosse o meu pai. E você, Julie... Você... Você pode fazer...

JULIE *(entusiasmada)* — O papel dela? Claro!

GUILHERME *(surpreso com a prontidão de Julie)* — Mesmo? Ótimo. Eu filmo tudo como se fossem ele e ela trabalhando, e...

APOLÔNIO — Como se fosse tudo de verdade?

GUILHERME — Vai ser tudo verdade.

JULIE *(para Apolônio, buscando cumplicidade)* — Vai. Tudo. Totalmente. Tudo verdade. Você, ele. Ela, eu.

Apolônio não entende a sugestão de Julie. Olha para Guilherme como um inquisidor.

APOLÔNIO — Você quer enganar o público?

JULIE *(tentando fazer Apolônio perceber a oportunidade)* — Não! A gente quer...

GUILHERME *(estranhando)* — Vocês querem o quê?

JULIE *(guaguejando)* — A gente? Não... Nós três. Não é isso o que a gente quer? Nós três! Fazer o público pensar que eu sou ela e *(apontando para Apolônio)* ele é... ele?

GUILHERME — Eu prefiro pensar que a gente vai representar a verdade para o público.

APOLÔNIO — Mas não aconteceu, aconteceu?

GUILHERME — O quê?

APOLÔNIO — Seu pai e a sua mulher ensaiaram a sua peça?

GUILHERME *(triste)* — Não. Meu pai nunca quis nem ler. E eu nunca mais...

JULIE *(falando de forma agressiva, quase como Giulia faria)* — Mas ele devia ter lido. Se ele fosse...

GUILHERME — Ele era meu pai. A peça era pra ele.

APOLÔNIO — E pra ela?

Guilherme hesita, não consegue responder. Encara Julie. Apolônio se surpreende com o gesto de Guilherme. Custa a acreditar na possibilidade de Guilherme ter escrito a peça para Julie

APOLÔNIO — Pra ela?

JULIE *(tentando dizer para Apolônio que a peça é chance de obter a confissão de Guilherme)* — Sabe o que é, Apolônio... Às vezes, a ficção é o único jeito que a gente tem pra dizer a verdade... Pra descobrir a verdade... Pra *(enfática)* confessar a verdade.

APOLÔNIO — Tá bom, tá bom! Que que eu tenho que fazer?

GUILHERME *(empolgado, entregando o manuscrito encadernado para Apolônio)* — Toma. Você também vai ler todas as indicações de cenário e de ações dos atores.

APOLÔNIO (*sentando-se automaticamente na cadeira de rodas, como se tivesse sido puxado até ela por uma força de atração*) — Só tem uma cópia?

JULIE & GUILHERME (*juntos*) — A gente sabe o texto de cor.

APOLÔNIO (*abrindo o manuscrito com interesse*) — *Almas acorrentadas*! Belo título.

GUILHERME — Sabia que você ia gostar.

APOLÔNIO (*lendo*) — *Almas acorrentadas. Personagens: Ivo, Eva, o Velho*"... (*comentando com os outros*) Suponho que esse Velho sou eu?

JULIE & GUILHERME (*juntos*) — Exatamente.

Apolônio observa atentamente Guilherme e Julie. Parece suspeitar que agora são os dois que conspiram contra ele.

APOLÔNIO (*retomando a leitura, hesitante*) — *Personagens: Ivo, Eva, o Velho, uma Voz*". (*espantado*) Quem vai fazer a voz?

GUILHERME — Seria a voz do meu pai.

APOLÔNIO — Outra vez seu pai. Vou ser a voz também?

GUILHERME — Não.

JULIE — Não?

GUILHERME — Não. A voz vai aparecer quando for a hora.

Julie e Apolônio se entreolham incrédulos.

GUILHERME (*ajustando a câmera de maneira a enquadrar o Apolônio*) — Vou começar.

Julie sobe pela escada e sai de cena.

GUILHERME — Ação!
APOLÔNIO *(limpa a garganta, fala solene)* — O cenário no início é todo escuro...

Blecaute.

APOLÔNIO — Acabou a luz. Não dá pra ler.
GUILHERME — Eu vou dizendo o texto baixinho, e você repete. *(sussurrando)* Certo?
APOLÔNIO — Certo.
GUILHERME *(sussurrando, quase inaudível)* — Ouve-se uma triste melodia tocada em um piano.
APOLÔNIO — Ouve-se um piano que toc... Pode repetir por favor?
GUILHERME *(um pouco mais alto, irritado)* — Ouve-se uma triste melodia tocada em um piano.
APOLÔNIO — Ouve-se uma triste melodia tocada em um piano.

Soa o piano, tocado por Julie no andar de cima.

GUILHERME *(sussurrando)* — Acende-se uma luz em resistência no centro do palco, iluminando o Velho...
APOLÔNIO *(enquanto fala, a luz se acende sobre ele)* — Acende-se uma luz em resistência no centro do palco, iluminando o Velho... *(prossegue a leitura do manuscrito; tudo no palco coincide com a descrição do que ele lê)*

que está sentado em sua cadeira de rodas, segurando uma taça de champanhe. Veste um elegante traje de gala, camisa branca e gravata borboleta. Ao seu lado, um carrinho com um champanhe num balde de gelo e uma taça cheia. *(depois de se olhar e perceber que ele corresponde exatamente à descrição do personagem)* Velho: Quanto tempo faz que morreu Eva?

GUILHERME *(ainda no escuro)* — Não precisa ler o nome do personagem. Só a fala.

APOLÔNIO/VELHO *(soando melhor, mais profissional)* — Quanto tempo faz que morreu Eva?

GUILHERME — Muito bom.

APOLÔNIO *(lendo a rubrica, tudo o que lê acontece)* — Outro foco de luz se acende em resistência no canto direito do palco, iluminando Ivo, prostrado em uma confortável poltrona. Ivo veste um traje de gala elegantíssimo, se bem que empoeirado e amarrotado. Segura uma taça de champanhe meio vazia. Parece bêbado. Uma das mãos, enfiada em um dos bolsos do paletó, movimenta-se, inquieta, segurando um objeto invisível aos olhos do Velho e do público. *(olha para a poltrona onde já está sentado Guilherme, fazendo o papel de Ivo, de acordo com as indicações do texto)*

A VOZ *(idêntica à de Apolônio, porém mais segura)* — Quanto tempo faz que morreu Eva?

APOLÔNIO *(surpreso e curioso)* — Como você fez esse truque?

GUILHERME *(irritado)* — Não tem truque. É tudo verdade. Continua o texto, por favor.

APOLÔNIO *(conferindo o manuscrito)* — Aqui diz que é a sua vez. Você tem que dizer...
GUILHERME/IVO — Velho estúpido.
APOLÔNIO — Isso mesmo!
APOLÔNIO *(retomando a leitura)* — Outra luz acende em resistência e ilumina uma escada em caracol. Pela escada, desce o fantasma de Eva. Ela usa um vestido molhado e manchado de sangue na altura do abdômen.

Apolônio olha na direção da escada. O piano para de tocar. Julie desce como uma sonâmbula, já no personagem de Eva. O investigador retoma a leitura. Julie executa todas as ações lidas por ele.

APOLÔNIO *(lendo)* — Eva vai até o centro do palco. Ela se aproxima do Velho por trás da sua cadeira de rodas. Gentilmente, beija sua testa.

Tudo que Apolônio lê no texto se materializa no palco: nas grandes janelas ao fundo, a noite chuvosa dá lugar à luz suave de um lindo pôr do sol. O som das goteiras cessa abruptamente.

APOLÔNIO *(lendo)* — Ao fundo há uma grande janela pela qual se pode ver um belíssimo pôr do sol. Diante dela, um alçapão. Eva caminha até o alçapão, tenta abri-lo, as portas não se abrem, ela se desespera, deixa-se cair de joelhos diante do alçapão chorando muito.

Julie faz tudo o que diz o texto com um realismo inesperado, sem nenhuma sombra de farsa.

A VOZ — Era melhor que não nos lembrássemos de Eva chorando.
APOLÔNIO *(sem conseguir conter a curiosidade)* — Como você faz isso?
GUILHERME *(irritado e autoritário)* — O texto! Eu tô filmando tudo!
APOLÔNIO/VELHO *(voltando a ler o texto, acusador)* — Você fez aquilo.
GUILHERME/IVO — É fácil culpar os outros.
APOLÔNIO/VELHO — Você fez aquilo com Eva.
A VOZ — É fácil culpar os outros pelos pecados próprios.
APOLÔNIO/VELHO — Por que você só veio agora?

Guilherme/Ivo se levanta abruptamente, corre para trás da cadeira de rodas de Apolônio/Velho, tira do bolso o objeto que estava oculto: o mesmo revólver que usou para matar Giulia. Guilherme aponta o revólver na direção da cabeça de Apolônio/Velho, em sincronia com a leitura da rubrica:

APOLÔNIO — Ivo se levanta abruptamente, corre para trás da cadeira de rodas do Velho, tira do bolso um revólver, e o aponta na direção da cabeça do Velho.

Apolônio leva um susto, olha para trás ao mesmo tempo em que Guilherme/Ivo volta a esconder a arma no bolso do paletó.

Apolônio não vê a arma e não tem tempo de investigar, pois Guilherme/Ivo já está dizendo seu texto.

GUILHERME/IVO — Eu vim pra você me dizer a verdade. E pra ver você morrer.
APOLÔNIO/VELHO *(retomando a leitura)* — Verdade? Qual verdade? Existem muitas verdades. E todas podem ser mentiras.
GUILHERME/IVO — Eva e eu...
APOLÔNIO/VELHO — Era melhor que não falássemos de Eva.
A VOZ — Eva, suba.

Sem que Apolônio leia a rubrica, Julie/Eva para de chorar e, mecanicamente, sobe de novo a escada. Volta a soar o piano.

GUILHERME/IVO — Éramos irmãos?
APOLÔNIO/VELHO — Quem?
GUILHERME/IVO — Eva e eu. Éramos?
APOLÔNIO/VELHO — Você amava Eva.
GUILHERME/IVO *(tenso, afastando-se da cadeira de rodas)* — Amava.
APOLÔNIO/VELHO — Não era uma pergunta.
GUILHERME/IVO *(suplicando)* — Diga-me se éramos irmãos!
APOLÔNIO *(lê rubrica, em outro tom)* — Ivo e o Velho ficam em silêncio, enquanto Eva volta a aparecer na escada.
A VOZ — Eva morreu de uma terrível angústia. Nenhuma mulher sofreu mais que Eva.

julie/eva — Ninguém sofreu mais que eu. Ninguém morreu mais que eu. Eu pensei que a morte responderia a única pergunta cuja resposta realmente me importava.

guilherme/ivo *(suplicando)* — Diga-me se éramos irmãos.

apolônio *(lendo)* — Eva vai até o alçapão. Tenta abri-lo, mas não consegue. Cai prostrada e chora convulsivamente sobre o alçapão.

Após executar a ação lida por Apolônio, Julie/Eva permanece chorando, junto ao alçapão. Apolônio observa, impressionado, o realismo da interpretação de Julie. Está incomodado com a situação.

apolônio — Será que dá pra gente parar um pouquinho?

Um relâmpago ilumina a sala. Soa um trovão. Nas janelas, ao fundo, volta a ser noite chuvosa. E soam novamente as irritantes goteiras. Julie sai da personagem sem nenhuma dificuldade e protesta.

julie — Não. A gente vai até o fim.
guilherme — Eu posso pagar mais.
apolônio — Não é por isso.
guilherme — Por quê, então?
apolônio — Não é dinheiro... É... *(para Julie)* Você tá se sentindo bem?
julie — Magnífica.

APOLÔNIO *(preocupado)* — Parecia que você tava chorando de verdade.
GUILHERME — É tudo verdade!
APOLÔNIO — Eu não sou seu pai!
GUILHERME — Não.
JULIE — É... como se fosse.
GUILHERME *(ignorando o comentário de Julie)* — Você é o Velho.
JULIE — O Velho é Cláudio. Ele é o Velho. É tudo verdade.

Guilherme olha para Julie com uma certa raiva. Começa a servir mais champanhe nas taças agora vazias.

APOLÔNIO — Do que morreu seu pai?
GUILHERME — De velho.
APOLÔNIO — E sua mulher?

Guilherme percebe que o champanhe da garrafa acaba antes de ele poder encher a última taça. Aproveita a deixa para escapar do assunto.

GUILHERME — Eu vou buscar mais champanhe.
APOLÔNIO *(levantando-se da cadeira de rodas, com uma certa dificuldade)* — Caramba, parece que eu tava me acostumando com essa cadeira. *(para si mesmo)* Eu não gosto disso. *(para Julie)* Você tava sofrendo de verdade naquela cena?
JULIE — É tudo verdade.

APOLÔNIO — Eu não tô entendendo nada dessa peça. Isso aconteceu?

JULIE — Alguma coisa aconteceu. Se não tivesse acontecido, ele não teria escrito o que ele escreveu.

APOLÔNIO — O que o pai fez com a irmã dele?

JULIE — Dele? A irmã é minha, lembra? E a questão é: o que ele fez com a minha irmã?

APOLÔNIO — Eu não tô falando da sua irmã. Eu tô falando da irmã dele.

JULIE *(estranhamente preocupada)* — Por que você acha que ele tem uma irmã?

APOLÔNIO — Não tem? Mas Ivo e Eva...?

JULIE — Não interessa! Ivo, Eva... Deixa pra lá. Você é o investigador. Você quer descobrir se Giulia...

APOLÔNIO — Mas se o Velho é o pai... Não! A voz é o pai?

JULIE — Ei! Lembra: a gente tem que fazer ele confessar. Desiste de tentar entender essa peça!

APOLÔNIO *(voltando à realidade)* — Tem razão, tem razão. Vamos parar com isso. Vamos agora mesmo pra delegacia. Você apresenta uma queixa contra ele. Eu mesmo investigo essa história.

JULIE — Ah! Vai desistir? Então você é só um policialzinho normal? Inventou tudo aquilo de matar o inimigo do povo só pra me seduzir?

APOLÔNIO — Eu não contei aquilo pra você.

JULIE — Contou para ele. Seduziu ele. E o seduzido me seduziu.

APOLÔNIO *(aproximando-se de Julie e tentando beijá-la)* —

Tenho a impressão que você é quem quer me seduzir, mas não exatamente pra ir pra cama.
JULIE — Você só vai ter certeza se for até o fim.

Desta vez, Julie se deixa beijar. Logo em seguida, Guilherme entra na sala segurando uma garrafa de champanhe fazendo o gesto de quem vai sacar a rolha. Ao ver Apolônio e Julie se beijarem, ele fica perplexo. Não consegue reagir de imediato. A expressão em seu rosto é de profunda dor. Ele sai novamente pela porta, sem fazer nenhum ruído.

Em pouco tempo, Guilherme entra, silenciosamente, carregando novamente a mesma garrafa. Porém, agora, a garrafa já não tem mais a rolha. Guilherme olha para Julie e Apolônio, que continuam se beijando e trocando carícias. Ele agora não parece mais sentir ciúme. Há uma expressão cruel em seu rosto, um sorriso de vingança, quando ele tira do bolso um frasco de veneno. Alternando o olhar entre Julie e Apolônio e as taças de champanhe, Guilherme usa um contagotas para pingar o veneno transparente nas duas taças. Ele mexe um pouquinho ambas as taças, de maneira a dissolver o veneno no champanhe. Em seguida, Guilherme enche a terceira taça e a ergue para o alto, no gesto do brinde.

GUILHERME — Ao teatro e ao cinema.

Sobressaltada, Julie se afasta de Apolônio. Ajeita o cabelo, envergonhada. Apolônio não sabe como disfarçar. Guilherme se comporta como se não tivesse visto nada.

GUILHERME — Eu não posso brindar sozinho.

Julie anda até o carrinho, pega as duas taças com champanhe envenenado, volta até Apôlonio e entrega uma taça para ele. Os três erguem as taças. Guilherme toma um pequeno gole. Apolônio não bebe. Julie toma o conteúdo da taça num único gole.

GUILHERME — Vai com calma. Champanhe te faz mal. Ou será que não faz?
JULIE — A gente vai ler a peça ou não vai?
GUILHERME — Depende dele.

Guilherme olha para Apolônio, que continua sem graça, sentado na poltrona, com a taça de champanhe cheia na mão. Apolônio não diz nada.

GUILHERME — Não vai beber champanhe, investigador?

Apolônio encara Julie suplicando, apenas com o olhar, que ela desista do jogo sádico. Ele não bebe o champanhe.

GUILHERME *(insistente)* — Toma um golinho, pra ganhar coragem.

Julie olha para Apolônio de maneira intimidadora. Apolônio, resignado, assume a sua posição na cadeira de rodas, sem beber o champanhe.

Pela janela, um relâmpago ilumina a noite chuvosa. Lentamente, porém, a noite escura e chuvosa dá lugar a um lindo pôr do sol, ao mesmo tempo em que cessa o ruído das goteiras.

Apolônio, na cadeira de rodas, lê o manuscrito. Guilherme enfia a mão no bolso do paletó, onde a arma está guardada. Ele caminha lentamente de maneira a fazer uma trajetória circular em volta de Apolônio/Velho.

APOLÔNIO/VELHO — Vá embora, Ivo. Você não vai ter coragem.
GUILHERME/IVO — De ouvir a verdade?

Guilherme/Ivo, agora, está bem atrás de Apolônio/Velho. Ele saca a arma do bolso do paletó e faz pontaria na nuca do investigador.

APOLÔNIO/VELHO — De atirar num velho paralítico.

Ao se dar conta do que acabou de ler, Apolônio fica tenso e vira a cadeira de rodas para poder ver Guilherme que, simultaneamente, volta a esconder a arma no bolso do paletó, antes que o investigador possa vê-la. Eles ficam parados por um instante, um encarando o outro, como se estivessem momentaneamente congelados pela intervenção da Voz.

A VOZ — A imobilidade das pernas é como um veneno que afeta indiretamente o modo de pensar, a maneira de falar, as formas do sentir. A lembrança...
APOLÔNIO/VELHO — E se eu disser que eu não me lembro?

GUILHERME/IVO — Você não lembra se éramos irmãos? Mentira!

APOLÔNIO/VELHO — Eu lembro de algumas coisas. Eu só não lembro muito bem.

GUILHERME/IVO — Você a matou.

APOLÔNIO/VELHO — É assim que você lembra?

GUILHERME/IVO — Eu... Eu não...

APOLÔNIO/VELHO — Você não lembra. Então você não sabe se foi você...

GUILHERME/IVO *(em pânico)* — Eu amava Eva.

APOLÔNIO/VELHO — Eu amava Eva. *(depois de uma pausa)* Eu acho. Aquilo de que me lembro é como se fosse a lembrança de um outro que eu não sei quem é. Quando a lembrança que há em você é de um outro, as sensações da lembrança não são claras. Tudo parece mentira mesmo quando tudo pode ser verdade.

A VOZ — Lembra!

APOLÔNIO/VELHO — Quando lembro de Eva, eu lembro dela tocando o piano. Tocava ela o piano?

GUILHERME/IVO — Tocava.

APOLÔNIO/VELHO — Tocava bem?

GUILHERME/IVO — Eu não quero saber do piano. Eu quero saber se éramos irmãos.

A VOZ — Eu queria que Eva tocasse o piano. Eu queria que Eva brincasse...

O piano para. Julie/Eva desce pela escada sem que Apolônio precise ler a indicação na rubrica. Julie/Eva fala de uma maneira infantilizada, porém sem ser ridícula ou caricata ou mesmo cômica. Há algo triste em sua voz de criança.

JULIE/EVA — Posso brincar no alçapão?

Apolônio se assusta ao ouvir Julie. Olha abruptamente para trás.

A VOZ — Quem lhe chamou aqui?

Julie/Eva desce as escadas lentamente até um certo ponto. Guilherme/Ivo se ajoelha diante dela, como se o seu corpo fosse uma oferenda.

JULIE/EVA — Eu pensava que Ivo viria, que eu veria Ivo, que eu tocaria aquela pele lisinha de Ivo. Nem um pelinho. Eu queria tocar aquela pele. Eu não sabia que homem podia ter aquela pele. Eu gostava de pele com pelo. Homem com muito pelo no peito. Homem para mim era só com pelo nas costas. Até que veio Ivo. A pele lisinha de Ivo, nenhum pelinho...

As portas do alçapão se abrem por conta própria, como se pela ação de um fantasma invisível.

JULIE/EVA *(gritando desesperadamente)* — I-VO!
A VOZ — As pequenas culpas não podem ser somadas numa grande culpa. A culpa é só um bocado da lem-

brança que não se encaixa. Os pequenos bocados não se encaixam uns nos outros.

GUILHERME/IVO *(gritando, ao lado do alçapão)* — Confessa sua culpa, velho. Foi aqui? Ela caiu ou você empurrou?

Julie/Eva corre em direção ao alçapão aberto, entusiasmada como uma criança que ganhou um brinquedo novo. Toca a beirada do alçapão como se aquilo fosse um objeto mágico.

JULIE/EVA — Eu vou brincar no alçapão.

Apolônio/Velho vira sua cadeira para o alçapão, vê que ele está aberto e que Eva/Julie está acariciando a beirada do alçapão, seduzida pelo perigo que ele representa. Sem ler o texto, Apolônio entra mais no personagem, confundindo sua personalidade com a do Velho.

APOLÔNIO/VELHO *(aflito, num espasmo)* — Eva, não!
GUILHERME/IVO — Está vendo fantasmas, velho estúpido?

Apolônio continua sua interpretação, sem ler o texto. Ele gira a cadeira e a desliza para longe do alçapão, para não ver o fantasma de Eva.

APOLÔNIO/VELHO *(exasperado)* — Pensei ver Eva brincando no alçapão... novamente.
GUILHERME/IVO — Você vai me dizer a verdade agora?

APOLÔNIO/VELHO — Você me disse a verdade antes?
GUILHERME/IVO — Que verdade?

Julie/Eva apoia um pé sobre a beirada do alçapão.

APOLÔNIO/VELHO — O que você fez com ela?
GUILHERME/IVO — Eu?

Julie olha para Guilherme com uma expressão cruel no rosto. Uma expressão mais própria de Giulia que de Julie.

JULIE/EVA *(quase como Giulia, a ponto de cair pelo alçapão)* — O que você fez comigo?
APOLÔNIO/VELHO *(desesperado, tentando manobrar a cadeira de rodas em direção ao alçapão)* — Não!
GUILHERME/IVO *(colocando-se diante de Apolônio, impedindo sua passagem, com a arma em punho)* — Aonde você pensa que vai, velho endríago?

Por um instante, Apolônio/Velho vê a arma, mas seu foco de atenção é Julie/Eva no alçapão. Ele parece querer se levantar.

APOLÔNIO/VELHO — Eu preciso me levantar!
A VOZ — A imobilidade das pernas...

Apolônio/Velho não se levanta. Guilherme/Ivo dá um salto para trás da cadeira e a puxa para trás, de maneira a afastar Apolônio/Velho do alçapão. Desesperado, Apolônio/Velho estica os braços para a frente, como se tentasse alcançar

Julie/Eva. Guilherme aponta a arma na cabeça de Apolônio/ Velho.

GUILHERME/IVO — Confessa!

Julie/Eva para de se balançar na beirada do alçapão. Ela volta a olhar para Guilherme/Ivo com um sorriso cruel. Agora, ela tem no rosto a mesma expressão cruel de Giulia no começo da peça.

JULIE/GIULIA — Vai tentar matar ele também? *(autoritária)* Confessa!

Apolônio/Velho cobre o rosto e chora.

A VOZ — Confessa!

Guilherme fica apavorado. Urra. A Voz gargalha.

JULIE/GIULIA *(gritando)* — Confessa!

A Voz gargalha. Guilherme desmaia.
Blecaute.
A gargalhada da Voz persiste, enquanto nos telões entra a imagem de Cláudio. É dele a gargalhada que soa no palco. Cláudio está na mesma situação de entrevista de antes, quando falava sobre as mulheres e as atrizes.

CLÁUDIO *(no vídeo)* — Quero que os ricos paguem fortunas para me ver no palco. E que a choldra não saiba nunca quem sou nem quem fui quando eu deixar de ser. Quero que o belo seja a enganosa entrada do inferno; que passado o pasmo pela grandeza de minha interpretação, o público não possa lembrar de nada sem sentir nojo. Quero que aqueles que me louvam sintam-se humilhados na louvação. A única função do artista é a de semear o desespero nos corações dos homens.

Cláudio volta a gargalhar como antes, mas, desta vez, sua gargalhada tem um eco sinistro. Os telões se apagam. Nas janelas, ao fundo, volta a ser noite chuvosa. Soam novamente os trovões, as goteiras, o rio subterrâneo, junto com a gargalhada sinistra. Acendem-se as luzes do início da peça. E a gargalhada continua. Julie se apoia na mesa do equipamento de vídeo, visivelmente cansada, com dificulde para se manter em pé. E a gargalhada persiste. Guilherme, perturbado, vai até o alçapão. Fecha as portas, e a gargalhada sinistra finalmente para.

APOLÔNIO — Chegou uma hora que parecia que tudo tava acontecendo de verdade.
GUILHERME — É tudo verdade.
APOLÔNIO — Teve um momento que eu já nem lia mais a peça... Eu... Eu vi uma... Eu vi uma arma? Eu... Eu comecei a dizer as coisas que vinham na minha cabeça...
JULIE — Você tava perfeito.
APOLÔNIO — Não...
GUILHERME — É verdade. Tudo o que você disse tá escrito.

JULIE — Foi tudo verdade.

APOLÔNIO *(olhando incrédulo ora para Guilherme ora para Julie)* — Não é verdade!

GUILHERME *(pegando o manuscrito e o entregando-o para o policial)* — Pode investigar.

APOLÔNIO *(pega o manuscrito e lê um fragmento em alta velocidade, de um fôlego só)* — Eva!... Está vendo fantasmas, velho estúpido?... Pensei ver Eva, brincando no alçapão... Você me disse a verdade antes?... O que você fez com ela?... *(muda de página, nervoso)...* Velho endríago... Eu preciso me levantar. Confessa. Confessa. Confessa. *(gargalha exatamente como a Voz e, em seguida, pasmo)* Puta que pariu! É tudo verdade!

GUILHERME — Você não é ruim como ator, meu amigo. Sabe entrar na personagem.

JULIE *(aproveitando a deixa)* — É seu pai. *(sente uma tontura, apoia-se na poltrona para não cair)*

GUILHERME — Não exagera. *(percebendo que Julie não está bem, cruel)* Tá se sentindo mal?

JULIE — É só uma tontura.

Apolônio, ainda perplexo com o que aconteceu, deixa cair o manuscrito no chão. Olha tudo à sua volta como se estivesse vendo o cenário pela primeira vez. Olha Julie, Guilherme, a cadeira de rodas. Caminha pelo espaço. Toca o equipamento de vídeo como se quisesse comprovar que aquilo é real.

APOLÔNIO — Quem é Eva?

GUILHERME — Uma personagem.

APOLÔNIO — Não! É Giulia ou Julie?

Guilherme ri, nervosamente, perturbadamente.

APOLÔNIO — Sua mulher ou sua cunhada?
GUILHERME — Eu já disse: é só uma personagem.
APOLÔNIO — Você é Ivo, não é?
GUILHERME — Ivo, eu? Você não entendeu...
APOLÔNIO *(perturbado, descontrolado)* — Mas o Velho... O Velho é seu pai. Não, a Voz é seu pai. Então, quem é o Velho? O Velho e a Voz são um só ou são dois? *(agarrando Guilherme pelo colarinho, violentamente)* Quem é quem nessa merda?

Guilherme ri de maneira insana. Julie corre até os dois e os aparta.

JULIE — Chega!

Apolônio, transtornado, pega o manuscrito da peça no chão e o chacoalha diante do rosto de Guilherme.

APOLÔNIO — Essa sua peça não tem pé nem cabeça! *(acometido por um profundo sofrimento, aponta para a porta de entrada da casa, gritando)* E aquela porta... Aquela porta é a entrada do inferno.

Um relâmpago ilumina mais a sala. Soa um estrondoso trovão. Guilherme fica subitamente nervoso, quase histérico. Ele vai até o carrinho onde estão a garrafa de champanhe e duas taças. Guilherme enche uma taça. Leva a taça à boca, bebe um gole, e cospe em seguida.

GUILHERME — Essa não é a minha taça. *(enche outra taça, vai dar um gole, mas desiste)* Essa, também não.
APOLÔNIO *(um pouco mais calmo, estranhando a atitude de Guilherme)* — Que deu nele?
JULIE *(transtornada, tonta, gaguejante)* — F-foi o que vo- -você falou.
APOLÔNIO — Desculpa se eu ofendi a sua sensibilidade artística. Mas o que eu posso fazer se a sua peça é uma bosta!
JULIE — Não é isso.
APOLÔNIO — Não foi o que eu disse?
GUILHERME *(olhando para Apolônio com extrema desconfiança)* — Você disse que aquela porta é a entrada do inferno.
JULIE — Você falou igual o pai dele.
APOLÔNIO — O quê?
JULIE — Ele dizia isso que você disse, do jeito que você falou. *(para Guilherme)* Ele é o seu pai.
GUILHERME — Meu pai tá morto.
JULIE — Tem certeza? Você desmaiou na porta do velório. Você nem viu o corpo, viu? Será que tinha um corpo?

Apolônio fica perplexo. Guilherme, confuso.

GUILHERME *(tenso e inquisidor, para Apolônio)* — Quem é você, de verdade?

Perplexo, Apolônio não sabe o que responder.

JULIE — É ele. Ele tramou tudo, pra confundir a sua cabeça, como ele sempre fez.
GUILHERME — E você?
JULIE — Ela.
GUILHERME — Para, Julie.
JULIE — O nome é Giulia. Você achou que ia me matar e ia ficar por isso mesmo?
GUILHERME — A Giulia nunca ia conseguir tocar o piano direito. Nem que ensaiasse um milhão de anos.
JULIE — A Julie tá escondida lá em cima.

Guilherme começa a tremer, como se fosse ter uma convulsão.

JULIE *(ameaçadora, cruel)* — Conta pra ele como você fez! Conta pra ele como você tentou me matar. Quer que eu chame a Julie pra ela escutar também?

Guilherme corre até a escada e olha para o andar de cima. Comporta-se estranhamente, como no começo da peça. Quer subir. Avança alguns degraus. O medo parece tomar conta do seu corpo. A dúvida o está destroçando. Sua angústia é de dar medo. Apolônio olha para Julie estupefato, aparentemente acreditando no que ela disse. Sua cara se contrai de dúvida, assumindo uma expressão parecida à de Guilherme. O policial vai até o carrinho, bebe de um gole só o champanhe da taça que havia deixado intocada antes, limpa os lábios com a manga do paletó. Ao ver que Apolônio bebeu o champanhe, Guilherme começa a gargalhar. É uma gargalhada insana. Sem entender a reação de Guilherme, Apolônio vai até a escada. Ele para ao pé da escada e olha para Julie, que sorri para ele com cumplicidade.

JULIE — Chama ela pra mim.

Apolônio olha para Guilherme, que continua gargalhando como um louco ao pé da escada. O policial não sabe no que acreditar. Finalmente, ele começa a subir os degraus, decidido. Guilherme saca a arma do bolso do paletó.

GUILHERME *(gritando e apontando a arma para Apolônio)* — Minha peça! Eu quero filmar a minha peça até o fim! Eu quero terminar meu film... *(desmaia)*

Blecaute. E todos os sons do ambiente cessam com o apagar das luzes. Ainda no blecaute, a Voz começa impor ordem ao caos.

A VOZ — A peça... tem que ir... até... o fim!

As luzes se acendem. A cena de Almas acorrentadas *é retomada do ponto em que foi interrompida antes:*
Guilherme/Ivo aponta a arma na direção da cabeça de Apolônio/Velho que, desesperado, observa Julie/Eva se balançar

perigosamente na beirada do alçapão aberto. Guilherme parece hesitar; só começa a atuar ao ouvir o comando da Voz.

A VOZ — Confessa!
GUILHERME/IVO — Confessa!
APOLÔNIO/VELHO — Você vai me matar antes do fim? Antes de saber se você e Eva eram ou não irmãos?

Ivo/Guilherme hesita. Olha para Julie/Eva no alçapão. Ela tem um sorriso cruel no rosto.

A VOZ — Vocês têm que ir até o fim.
APOLÔNIO/VELHO — Talvez seja o momento do fim...
A VOZ — Eva, vá tocar o piano!

Julie/Eva desce do alçapão e olha para Guilherme com escárnio, como Giulia fazia. Ela ri enquanto sobe a escada, cambaleante, sempre olhando para Guilherme/Ivo, que está tenso e confuso. Ele vai até o pé da escada, apontando a arma na direção de Julie/Eva, exatamente como fazia com Giulia, no começo da peça.

A VOZ — Lembra!
APOLÔNIO/VELHO — Eu lembro... de tudo!

Guilherme/Ivo mais uma vez se coloca atrás de Apolônio/Velho.

GUILHERME/IVO *(apontando a arma para a cabeça de Apolônio/Velho)* — Então é verdade? Éramos irmãos?

APOLÔNIO/VELHO — Isso eu só vou dizer no fim, ainda que muitas vezes o que eu estiver dizendo parecerá o fim sem ser o fim. E você vai pensar que vou dizer se você e Eva eram ou não irmãos, mas eu não vou dizer. Porque ainda não será o fim. E o seu desespero vai aumentar.
GUILHERME/IVO — Você quer me deixar louco?
APOLÔNIO/VELHO — Você é louco.
A VOZ — Louco! *(gargalha)*

Do andar de cima, soa o piano, mal tocado. Sob efeito do veneno, Julie toca o piano da mesma maneira horrível que sua irmã Giulia tocava no início da peça. Guilherme/Ivo larga a arma em um dos degraus da escada, tapa os ouvidos com as mãos e urra desesperadamente. A reação do personagem ao ouvir o som do piano torna impossível a distinção entre Guilherme e Ivo: qual dos dois está sofrendo? Apolônio/Velho começa a gargalhar. A Voz gargalha junto. Guilherme urra e não se dá conta de que o piano parou. Julie/Eva desce a escada de maneira descoordenada. Quase cai. Ela vê a arma. Tem uma ideia: pega a arma e a entrega para Apolônio.

JULIE — Faz ele confessar!

Apolônio, sob efeito do veneno, fica confuso. Ele esconde a arma sob a cadeira de rodas, antes que Guilherme/Ivo se recupere.

A VOZ — Vocês têm que ir até o fim.
GUILHERME/IVO — Eu sinto que é a hora do fim.

JULIE/EVA — Eu sinto uma tontura que não é de Eva.
A VOZ — Lembra!
APOLÔNIO/VELHO — Também sinto uma tontura.
GUILHERME/IVO — A tontura que você sente não é do Velho...
A VOZ — A entrada do inferno! *(gargalha)*

Novamente, o alçapão se abre sem que ninguém o toque, como se tivesse vida própria.

GUILHERME/IVO *(recuperando o controle)* — Eva, vá brincar no alçapão.

Julie/Eva obedece, aproximando-se muito lentamente do alçapão aberto.

APOLÔNIO/VELHO — Não!

Apolônio/Velho tenta alcançar Julie/Eva manobrando a cadeira de rodas, mas é interceptado por Guilherme/Ivo, que segura a cadeira. Apolônio tenta se levantar da cadeira, mas não consegue.

A VOZ — A imobilidade das pernas!
APOLÔNIO/VELHO — Eu não consigo me levantar.
GUILHERME/IVO *(arrebatando o investigador da cadeira e atirando-o ao chão)* — O seu corpo é o corpo do Velho!
A VOZ — O alçapão! Eva! O fim! *(mais alto)* Lembra! *(e ainda mais alto)* Lembra!

apolônio/velho (*rastejando pelo chão*) — Ela vai cair.

a voz (*gritando, autoritária*) — Eva, lem-bra!

julie/eva — Ivo não veio. A casa era úmida. A luz era fraca. A comida era pouca. O chão era sujo. Tinha mofo no quarto. Tinha aranha no teto. Tinha barata na parede. Tinha pelo no peito. Tinha pelo nas costas. Tinha roda nas pernas. Tinha roda nas pernas. Tinha roda nas pernas. Tinha a língua... (*dilacerada*) ÁSPERA!

a voz (*como no limiar de um orgasmo*) — Isso! Faz de novo! Sem sentir nojo.

julie/eva (*sofrida*) — Ivo não veio. A casa era úmida. A luz era fraca. A comida era pouca...

a voz (*sobrepondo-se à fala de Julie/Eva, sem interrompê-la*) — Ivo, lembra!

guilherme/ivo (*junto com Julie/Eva*) — Você me convenceu que o pensar em mim era seu. E assim eu pensava, assim eu pensei durante toda a minha vida...

a voz (*mais uma vez, sem interromper os outros*) — Vai, Velho! O desespero nos corações! (*gargalha*)

Os três personagens-atores falam simultaneamente e repetidamente, como se fossem cantores de ópera entoando suas árias em um terceto. A "cantoria" em crescendo *leva os três personagens à exasperação.*

apolônio/velho (*repetidas vezes*) — Eu quero falar do que eu me lembro, mas aquilo que lembro é como se fosse a lembrança de um outro que eu não sei quem é. Aquilo de que eu me lembro produz em mim uma sensação de culpa, mas não é minha culpa. Aquilo de que me lembro são as sensações íntimas de um outro que invadiu a minha lembrança como um veneno.

GUILHERME/IVO *(repetidas vezes)* — ... Eu amava Eva. E você envenenou Eva contra mim. E você levou Eva para longe de mim. E eu busquei Eva por todos os lugares, porque Eva era tudo para mim. E então você deixou aquilo escrito para mim. Eu não entendi. Eu não quis entender. Eu não quis acreditar. Agora eu quero a verdade. Eu quero saber. Eu devo saber. Eu preciso saber.

JULIE/EVA *(repetidas vezes)* — ... O chão era sujo. Tinha mofo no quarto. Tinha aranha no teto. Tinha barata na parede. Tinha pelo no peito. Tinha pelo nas costas. Tinha roda nas pernas. Tinha roda nas pernas. Tinha roda nas pernas. Tinha a língua... *(dilacerada)* ÁSPERA!

A cantilena é interrompida pela intervenção da Voz.

A VOZ — Chega!

Os três personagens ficam em silêncio.

A VOZ — O fim!

Julie/Eva se assusta, perde o equilíbrio, e cai pelo alçapão. A Voz gargalha, enquanto o investigador se arrasta pelo chão. Ao mesmo tempo, o ambiente se transforma: deixa de ser o cenário de Almas acorrentadas *para ser, uma vez mais, a sala de Guilherme.*

APOLÔNIO — Por que ela se jogou no alçapão?

GUILHERME (*com uma calma que não esconde a loucura*) — Ela não se jogou. Ela caiu. Eu coloquei veneno no champanhe dela.

Apolônio, chega junto da cadeira de rodas. Tenta se levantar, mas não consegue. Guilherme ri dele.

GUILHERME — Você não vai conseguir se levantar.

APOLÔNIO — Eu sei: o meu corpo é o corpo do Velho.

GUILHERME — Não. Eu também coloquei veneno no seu champanhe. Você vai virar partículas elementares, seu menecma de merda!

Apolônio pega a arma que havia escondido antes na cadeira de rodas.

APOLÔNIO (*apontando a arma para Guilherme*) — Assassino! Inimigo do povo! Sabe o que eu faço com inimigos do povo?

GUILHERME (*erguendo os braços com medo fingido*) — Você vai me matar antes de saber a verdade?

APOLÔNIO — Que verdade?

GUILHERME — Ivo... Eva... Eram irmãos?

APOLÔNIO — Eram?

GUILHERME — Você não sabe?

APOLÔNIO — Claro que não.

GUILHERME — Nem eu. O Velho morre antes de contar. (*ri com a mesma loucura da Voz*)

APOLÔNIO — Não! É tudo verdade! *(aperta o gatilho seguidamente, mas a arma não dispara)*

GUILHERME *(tirando do bolso as balas do revólver e as atira ao chão)* — É tudo mentira.

APOLÔNIO — Filho da puta.

GUILHERME *(subitamente sério)* — Foi ela que te disse isso?

APOLÔNIO — O quê?

GUILHERME — Que a minha mãe... *(envergonhado, não consegue continuar)*

APOLÔNIO — Fala!

GUILHERME — Não. É segredo de família.

APOLÔNIO — Eu tô morrendo, seu bosta. Vou contar o segredo pra quem? Pra um quark?

GUILHERME *(rindo)* — Tá bom. Ela dizia...

APOLÔNIO — Quem? Julie?

GUILHERME — Não. Giulia. Giulia dizia que o meu pai não era o meu pai. E que a minha mãe...

APOLÔNIO — A sua mãe...?

GUILHERME — ... era amante do pai dela. Então, eu e ela...

APOLÔNIO — Puta que pariu! Você e a Giulia... A Julie e você... Eva e Ivo... É tudo verdade!

GUILHERME — Tudo verdade, pra Giulia. Pra Julie, tudo mentira.

APOLÔNIO — E agora que você matou as duas, você nunca vai saber quem tinha razão.

GUILHERME — Matei as duas? Não, a Julie tá lá em cima, me esperando.

Apolônio balança a cabeça desconsoladamente: não faz sentido continuar a conversa com um louco.

GUILHERME — Tem um antídoto pro veneno.
APOLÔNIO — Mas você não vai dar pra mim.
GUILHERME — Não. Você tem que ir que buscar sozinho, se tiver coragem.
APOLÔNIO — Onde?
GUILHERME — No alçapão.

Desesperadamente, Apolônio se arrasta até o alçapão. Apoia-se na beirada. Hesita em morrer ali ou se deixar cair.

APOLÔNIO — Só mais uma coisa: da próxima vez que você criar um assassino nas suas peças... não use veneno. Veneno é uma arma classicamente utilizada pelas mulheres *(com escárnio)* meu filho. *(deixa-se cair pelo alçapão, gargalhando histericamente; a mesma gargalhada de Cláudio)*
GUILHERME *(dando uns passos em direção ao alçapão)* — Pa...i?

Guilherme escuta o estrondo do corpo de Apolônio que se choca contra o rio, mas a gargalhada não para. Ao contrário, fica mais e mais alta. Guilherme se desespera, tapa os ouvidos. E, finalmente, desmaia.

Blecaute. E todos os sons do ambiente cessam com o apagar das luzes. Apenas a gargalhada continua a soar, histérica.

Após alguns segundos de escuridão, entra agora, pelas janelas ao fundo, a luz da manhã nublada. O único som que acompanha agora a gargalhada histérica é o rumor do rio subterrâneo. Apesar da luz do dia que entra pelas janelas, o ambiente ainda é muito escuro, quase em penumbra. Guilherme entra pela mesma porta de antes. Ele carrega novamente um lampião (menor do que o primeiro, do início da peça), cuja luz bruxuleante ilumina as partes do cenário por onde ele caminha: as portas do alçapão estão fechadas. A câmera de vídeo e o tripé não estão mais no cenário. Guilherme para diante da poltrona. Ele coloca o lampião no chão. Arrasta com dificuldade a poltrona, revelando um gravador de rolo antigo. A fita está girando. Guilherme desliga o gravador e a gargalhada histérica cessa imediatamente.

Guilherme pega o lampião, vai até a mesa onde está o mesmo equipamento de edição de vídeo de antes. Sem acender as luzes do cenário, que se mantém iluminado apenas pelo lampião, ele aperta play *no controle de edição e observa as imagens que entram nos telões.*

São as mesmas imagens do início da peça, com a narração de Guilherme editada. Sua voz, porém, soa agora serena e segura. E, em vez dos acordes atrapalhados do piano mal tocado por Giulia, a trilha é uma melodia clássica, de grandiloquência wagneriana.

VOZ DE GUILHERME *(no vídeo)* — Sua grandeza consistiu em ser muitos. Seu talento, em fazer de cada um desses muitos um ser perfeitamente único. Despediu-se deste mundo como cabia a um verdadeiro artista: sereno, lúcido e com a mesma superioridade que o caracterizou por toda a sua vida. Numa manhã de inverno, às dez horas e quinze minutos, olhou pela janela. Contemplou a paisagem baça, pobremente iluminada por um sol mais débil que sua vontade. Virou-se, afastou-se da janela e disse sem rancor nem tédio:

Guilherme, iluminado apenas pela luz do lampião, faz um grandioso gesto de maestro ao mesmo tempo em que entra nos telões a imagem de Apolônio, caracterizado como Cláudio, em uma performance impecável.

Apolônio/Cláudio *(no vídeo)* — Hoje o dia não é digno da minha pessoa.

Apolônio/Cláudio fecha os olhos. A cabeça dele tomba.

voz de guilherme — E assim Cláudio Polônio cerrou os olhos em seu sono eterno.

Satisfeito, Guilherme caminha lentamente para fora de cena, enquanto, nos telões, entram "restos" de imagens que, aparentemente, ele cortou do documentário. São fragmentos de curtíssima duração entre os quais pode-se entrever momentos da leitura de Almas acorrentadas *com Julie e Apolônio. Números, claquetes e símbolos indecifráveis se alternam às imagens. Até que, finalmente, quando Guilherme já saiu de cena, entra nos telões um trecho editado, com narração dele: Cláudio, mais jovem, ensaia uma cena com Giulia. Eles estão cercados por outros* atores *e* atrizes*, todos maravilhados com os gestos exagerados de Cláudio e com a dedicação de Giulia.*

VOZ DE GUILHERME *(no vídeo)* — Mais que um grande ator, ele foi um inspirador da juventude e um formador de talentos. Assim fez com sua nora Giulia Polônio, a quem ensinou tudo o que sabia, estendendo-lhe o tapete vermelho da glória. Ela, sua favorita...

Nos telões, Giulia aparece agora com o mesmo vestido que usava quando Guilherme atirou nela. Desta vez, porém, ela está em um filme, como a Ofélia de Hamlet, exatamente na cena do suicídio. Giulia/Ofélia se joga nas águas revoltas de um rio lamacento.

VOZ DE GUILHERME *(no vídeo)* — Ela, que se consagrou internacionalmente graças ao cinema, como a Ofélia de uma das mais importantes versões filmadas do clássico *Hamlet*. Ela... Ele...

O corpo Giulia/Ofélia é arrastado pelas águas até se encontrar com o corpo de Apolônio, preso entre duas pedras, ao lado do corpo de Julie e do corpo de um homem: o inimigo do povo estrangulado pelo investigador.

VOZ DE GUILHERME *(no vídeo)* — Ela... Ele... Ela... Ele... Ele... Ele... Eu... Eu sou... Eu sou menino... Sou menino... Menino... Me-nino... Me-nino... Me-nino...

Os telões se apagam, mas a voz de Guilherme, repetindo "me-nino" continua por mais alguns segundos. Quando a voz de Guilherme finalmente cessa, um foco de luz se acende so-

bre o alçapão. Batidas soam fortes e insistentes. O ator que interpreta Guilherme volta ao palco, apressado, carregando o lampião menor. Ele abre o alçapão e ajuda os atores que interpretam Giulia/Julie e Apolônio/Cláudio a saírem do alçapão. As luzes se acendem. As roupas e os cabelos dos atores estão ensopados. Mas isso não os impede de agradecer aos eventuais aplausos do público.

Cortina/Fim.

menecma s.2g indivíduo que apresenta extraordinária semelhança física com outro; sósia. ETIM antr. *Menecmo*, nome de dois personagens gêmeos da comédia *Menaechmi,ōrum*, de Plauto († 184 a.C.); cp. fr. *ménechme* (1803 sob a f. pl.) 'duas pessoas que têm entre si uma semelhança impressionante', (1819 sob a f. sing.) 'pessoa que apresenta perfeita semelhança física com outra'

(*Dicionário Houaiss da língua portuguesa*)

Notas para direção e elenco

O texto a seguir foi escrito no mesmo dia em que li com a diretora Laís Bodanzky e o elenco da peça uma nova versão do texto de *Menecma*, pouco mais de um mês antes da estreia. Foi o início do trabalho de montagem. As dificuldades dos atores com algumas falas e a conversa que tivemos depois da leitura me estimularam a fazer algo que eu nunca tinha feito antes em relação à *Menecma*: pensar sobre o meu próprio texto.

As notas foram escritas às pressas e sob o efeito inebriante do entusiasmo de quem esperou quase 20 anos para ver seu texto encenado. Quando surgiu a ideia de incluir as notas neste livro, pensei em reescrevê-las, com uma redação mais elegante, dirigindo o texto não à Laís e aos atores, mas a qualquer eventual leitor, que não presenciou a leitura ou teve a oportunidade de conhecer os bastidores da montagem.

Tentei reescrever as notas, mas não consegui. Não fazia sentido alterá-las. Optei por corrigir apenas os erros de digitação e melhorar um pouco a pontuação, comentando, quando necessário, detalhes mais específicos em notas de rodapé.

Fica, então, para o leitor, o registro espontâneo do início dos ensaios da montagem de *Menecma* no Sesi, em 2011. Se não for uma leitura prazerosa, basta fechar o livro.

Queridos Laís, Paula, Roney e Gustavo

Depois da leitura da nova versão do texto na tarde de sábado, tivemos uma conversa muito interessante sobre os personagens, suas intenções (mais ou menos explícitas) e os aspectos obscuros do texto. A conversa me estimulou a escrever estes breves fragmentos que, espero, ajudem todos os envolvidos no projeto a se apropriarem do texto com mais tranquilidade.

I
Gênese

Escrevi *Menecma* em 1992, quando morava na Espanha. Mais precisamente, em uma aldeia de cerca de 200 habitantes, a 7 km da cidade de León, no norte do país. Sem dinheiro, com mais de um metro de neve na rua e todo o tempo do mundo, eu passava grande parte dos meus dias lendo peças de Strindberg. A referência a uma fala de *Os credores* que aparece em *Menecma* não é, portanto, gratuita. Ocasionalmente, eu ia a Madri, onde ficava hospedado em casas de amigos, para tentar emplacar projetos de TV, que nunca deram certo.

Em uma dessas ocasiões, quando voltava de Madri para León, cochilei no ônibus e tive um sonho de curtíssima duração: um homem aterrorizado se encolhia no chão ao ver a parte inferior do corpo de uma mulher — com vestido e sapatos vermelhos de saltos altos — descer uma escada em caracol. A imagem evocou em mim a lembrança das peças do meu amigo Gerald Thomas. Eu me lembro perfeitamente de dizer para mim mesmo: "Nossa, parece uma cena de uma peça do Gerald".

Aquela imagem colou no meu cérebro de tal forma que eu decidi escrevê-la como uma cena de peça de teatro. E assim começou *Menecma*. Na Espanha, eu precisava economizar cada centavo do pouco dinheiro que tinha sobrado, e nem a aldeia nem a cidade próxima ofereciam muitas possibilidades de lazer. Eu tinha todo o tempo do mundo e passei a me sentar todos os dias para escrever o texto que vocês irão encenar.

Eu não tinha uma história na cabeça. Não sabia aonde chegaria com aquilo. A cada dia eu avançava um pouco, descobrindo quem eram aqueles personagens à medida que descrevia suas ações e escrevia suas falas. Empreguei um método de trabalho que é, de certa forma, o oposto do meu método de escrever roteiros de cinema. Foi como entrar em uma estrada desconhecida e seguir por ela, sem ter a menor ideia de qual seria o meu destino.

Obviamente, a sensação de "voo às cegas" era uma autoilusão. Eu tinha Strindberg na cabeça. O jogo de humilhações mútuas entre homem e mulher e a ideia do dramaturgo sueco de que "a astúcia feminina é mais forte que a inteligência masculina" funcionaram como uma bússola oculta, guiando à minha revelia os meus passos ao longo do processo da escrita. E assim fui avançando no texto, até chegar ao final, em que quase todos morrem. Eu sabia que naquele final estava embutido o final de *Hamlet*, minha peça preferida desde os meus 20 anos de idade.

Em um determinado momento, dei ao texto o título *Em nome do pai*, pois tudo o que o Homem[1] (agora Guilherme) faz na peça está diretamente ligado à memória tirânica do pai morto.

Quando voltei ao Brasil, em julho de 1993, mostrei *Em nome do pai* para dois dos meus melhores amigos, Eduardo Duó (que é personagem do meu romance *Perácio*) e Patrícia Melo (que naquela época ainda não tinha lançado seu primeiro livro). Ambos adoraram o texto. Mas Patrícia não gostou do título (que depois foi usado em um filme do Jim Sheridan, coincidentemente). Por conta da opinião dela, passei a chamar a peça de *Descendo a escada*, uma homenagem ao meu ídolo Marcel Duchamp, citado também na cena em que Julie desce a escada nua, segurando o lampião[2].

Alguns anos depois, brincando com os recursos de consulta do dicionário *Aurélio* eletrônico, eu me deparei com a palavra menecma. Imediatamente, minha peça voltou à minha memória e eu imaginei o personagem do Homem dizendo ao Investigador (agora Investigador Apolônio): "Como diria meu pai: 'Meu Menecma!'". Voltei ao texto para incluir nos diálogos a palavra que me

---

1. Nas versões anteriores do texto, que a diretora e os atores conheciam, os personagens não tinham nome. Guilherme era referido apenas com o Homem. Giulia, a Mulher. Julie, a Irmã. Apolônio, o Investigador e Cláudio Polônio, o Pai.
2. A cena foi cortada na montagem do Sesi.

havia encantado e percebi que sua estranheza era perfeita para transformá-la em título, uma vez que a peça inteira é repleta de estranhezas. Sem contar que a etimologia da palavra remonta ao teatro de Plauto.

Sábado eu disse para Laís e Roney que minha peça toda é baseada em *Hamlet*. Foi um pouco uma *boutade*, mas não está longe da verdade. Strindberg serviu para dar o primeiro empurrão. A composição do texto, porém, foi inconscientemente inspirada por minhas repetidas leituras de *Hamlet* e por uma interpretação do texto que está no livro *Metateatro — Uma visão nova da forma dramática*, de Lionel Abel. (Vou passar para vocês o capítulo do livro que trata de *Hamlet*.)

Neste livro, se não me falha a memória (li nos anos 1980), Abel defende a ideia de que o teatro moderno é essencialmente metateatro e que *Hamlet* é a peça que inaugura esse gênero. A ideia de metateatro não se refere apenas à peça dentro da peça, que o príncipe da Dinamarca utiliza para tentar desmascarar o assassino de seu pai. O que define o metateatro é o, por assim dizer, desejo dos personagens de serem os dramaturgos da história. Segundo Abel:

"Cláudio é um autor de melodramas do princípio ao fim. [...] um criador de histórias sensacionais, tanto quanto um assassino".

"O Fantasma é um dramaturgo elisabetano típico. [...] ele deseja que o que começou como tragédia termine como melodrama."

> "Polônio é tipicamente o dramaturgo amador. [...] a lutar para conseguir controlar todos os outros personagens por meio de intrigas."
>
> "O problema de *Hamlet*, então, com sua plena consciência de dramaturgo bem dotado, é o de reescrever o melodrama em que foi colocado, mas sem ter em vista nenhuma outra forma, como alternativa. Ao final, ele tem de ceder ao apelo do único dramaturgo cujo roteiro, como o da tragédia, implica necessidade e nos coloca além do acaso. Esse dramaturgo é a morte."

Obviamente, não pensei em nada disso quando escrevi *Menecma*. Mas percebo hoje que essas ideias estavam lá, em algum lugar oculto do meu cérebro, mexendo, escondidas, os pauzinhos invisíveis que compuseram a trama do meu texto.

A isso, sem dúvida, juntou-se meu fascínio pela "dramaturgia dos sonhos". *A Interpretação dos sonhos* e a *psicopatologia da vida cotidiana* são tão (ou mais) importantes no meu processo de escrita quanto a *Poética* de Aristóteles e os outros textos fundamentais para quem se dedica à dramaturgia, tanto no teatro como no cinema. E desde a adolescência sou fascinado pelos experimentalismos das vanguardas artísticas.

Menecma é certamente produto de todas essas influências. Escrevi o texto por pura vontade e desejo, sem compromissos com produtores ou com o público. Escrevi para mim mesmo. O fato de terem se passado 19 anos desde que terminei a primeira versão do texto é sem dúvida uma prova disso. Esse compromisso rigoroso comigo mesmo explica a forma pouco convencional da dramaturgia de *Menecma*. O texto tem uma lógica própria. Tentei ser rigoroso em sua composição. O rigor, porém, não responde aos fundamentos da dramaturgia clássica, apesar de dialogar com ela. Peço desculpas pela pretensão da analogia, mas não encontro outra maneira de me explicar: o rigor formal do cubismo não deixa nada a dever ao rigor da perspectiva clássica. Por mais diferentes que sejam das pinturas renascentistas, as obras cubistas são produto de um extremo rigor formal.

Menecma tem para mim o mesmo rigor formal, rompido apenas em um único momento, mas com plena consciência. Refiro-me à cena em que a peça não é interrompida pelo desmaio de Guilherme e sim pelo desmaio de Julie. E, logo em seguida, é retomada pelo despertar de Julie antes que Guilherme desperte[3].

Eu tive longos e complicados debates comigo mesmo para tentar entender e justificar a necessidade dessa ruptura da lógica do texto nessas duas cenas. Inventei muitas explicações estapafúrdias para me convencer da necessidade de quebrar as regras do jogo naquele momento da peça. Por um lado, eu gosto dessa imperfeição. Porém, nesse caso, acho que vale a pena reescrever essa parte do texto mantendo a lógica que

---

3. Na montagem e no texto publicado neste livro, não é isso o que acontece. Logo após escrever as notas, reescrevi as duas cenas, de maneira a fazer com que Julie desmaiasse antes de Guilherme e que ele fosse o primeiro a despertar.

eu mesmo estabeleci. Pretendo fazer isso ao longo dessa semana e creio que já tenho ideia de como consertar a falha. Por enquanto, vamos deixar o problema dormir um pouco.

II

A LÓGICA DE *MENECMA*

A coerência de *Menecma*, para mim, está construída com base na "dramaturgia" dos sonhos (advinda de Freud) e da ideia de personagens-dramaturgos (derivada da leitura que Lionel Abel faz de *Hamlet*).

Todos nós já vivemos a experiência do despertar abrupto que acontece no meio dos mais terríveis pesadelos. Quando o sonho se torna insuportável, acordamos. Em *Menecma*, quando a existência de Guilherme se torna insuportável, ele desmaia. Os desmaios de Guilherme na peça correspondem ao despertar abrupto no meio de um pesadelo.

Não é, portanto, equivocado interpretar o texto da seguinte maneira: a peça é, na verdade, um pesadelo de Guilherme, dividido em partes. Cada desmaio corresponde a um despertar. Podemos ver o sonho, mas não a vigília. Ou seja, quando Guilherme desmaia no sonho ele acorda na realidade. E a essa realidade ninguém tem acesso; nem mesmo eu, que escrevi o texto. Quando Guilherme dorme novamente, ele volta a sonhar o mesmo sonho. Isso acontece comigo. Portanto, é verossímil. Pelo menos, para mim.

Se cada cena é um fragmento de um pesadelo sonhado em capítulos, as mudanças no cenário são perfeitamente lógicas. Os sonhos são construídos de fragmentos de memórias. Objetos, lugares, ideias, pessoas que habitam nossas memórias são "convocados" pelo inconsciente enquanto ele "escreve" a trama do sonho. O inconsciente, porém, como explica Freud, opera por condensações e deslocamentos. Daí ser possível para Guilherme, na peça, sonhar que o policial que investiga o tiro tenha a cara do pai do assassino. E que a irmã da vítima esteja vestida com uma roupa idêntica à da irmã morta, incluindo a mancha vermelha de sangue/vinho.

Não estou dizendo que eu pensei essas coisas quando escrevi o texto. Como disse antes, fui escrevendo a peça na base do improviso, sem saber aonde chegaria. Sem saber, na verdade, aonde eu queria chegar. Entretanto, não acho absurda a interpretação acima.

Voltando à lógica dos sonhos que está presente na peça, a Voz (que aparece na peça dentro da peça e, às vezes, vaza para o universo dos personagens Guilherme, Julie e Apolônio), que surge do nada é perfeitamente aceitável em um pesadelo. Julie e, principalmente, Apolônio estranham as interferências da Voz. Apolônio insiste em saber como foi feito o truque. Guilherme reitera que não há truques. É tudo verdade. Para o personagem do sonhador em seu próprio sonho (Guilherme), a Voz é verossímil. Para o personagem do investigador, entretanto, essa mesma Voz é uma perturbação. Ela parece minar a verossimilhança do sonho. E isso é algo que ocorre nos sonhos, pelo menos nos meus. Muitas vezes, no meio de um sonho, em si absurdo, algum elemento perturbador ameaça romper a ilusão, a verossimilhança do absurdo do meu sonho. Quando isso acontece, eu (personagem dos meus sonhos) interrompo a narrativa para tentar explicar a mim mesmo o elemento dissonante. Esses momentos podem ter dois desdobramentos diametralmente opostos:

1) Eu me dou conta que o elemento fora do lugar é um indicador de que estou sonhando. E, então, acordo. Ou:
2) Encontro uma explicação lógica (ainda que irracional) para o elemento perturbador e continuo sonhando.

Em *Menecma*, Guilherme não quer parar de sonhar e quer controlar o que sonha. Quando alguma coisa está fora do lugar, quando algum elemento perturba a lógica do sonho, ele reage de acordo com sua conveniência de sonhador:

1) Se o elemento perturbador ajuda o sonho (a Voz e a semelhança física entre o investigador e o pai, por exemplo), esse elemento é explicado, e o sonho continua.

2) Se o elemento perturbador (o som do piano mal tocado, a chegada de Julie) atrapalha o sonho, Guilherme interrompe a narrativa, desmaiando/acordando.

É essa duplicidade que confere lógica ao texto e, ao mesmo tempo, une os dois elementos de composição que mencionei acima: a dramaturgia dos sonhos e os personagens-dramaturgos.

Saibam que tudo isso que estou dizendo pode ser uma grande bobagem. Dois dos melhores professores que tive na vida (Celso Favaretto e Arlindo Machado) foram enfáticos nos conselhos que me deram nos meus tempos de universidade. Segundo eles, eu bagunçava muito os conceitos. Percebi que não tinha muito futuro no universo acadêmico. Meu negócio não era ser teórico, mas, sim, artista. Se eu tivesse bom-senso, apagaria tudo o que escrevi até agora e deixaria por conta de vocês a interpretação do texto. No entanto, como bom-senso é algo que não faz parte da minha estrutura mental, vou continuar com minhas "abobrinhas", movido pela presunção de ajudar toda a equipe a se apropriar do texto com mais segurança.

Retomando, então, o raciocínio: se o sonho é um teatro do inconsciente, como diz o escritor inglês A. Alvarez, é perfeitamente possível entender o sonhador como um personagem-dramaturgo. Em seu pesadelo em capítulos, Guilherme deseja reescrever e encenar a história da sua própria vida. A morte física do pai não resolve os seus traumas. A existência simbólica do pai persiste no inconsciente de Guilherme. E ele só encontrará paz quando conseguir ressimbolizar a figura paterna de maneira a transformá-la de opressora em apaziguadora. Ele quer usar o documentário para conseguir aquilo que o pai lhe negou quando estava vivo: a sua aprovação, o seu reconhecimento.

Quando começa a narrar o seu documentário e em sua primeira altercação com Giulia, Guilherme expõe a si mesmo a figura opressora e intimidadora do pai: um grande ator, o maior de todos. O tom laudatório de Guilherme equivale a uma confissão: "eu nunca serei grande e forte como o meu pai, não sou digno dele". O que Guilherme deseja na verdade é ser maior que o pai, pois, para ele, essa é a única maneira de conquistar sua aprovação. Não é à toa que ele não fica satisfeito com sua locução.

Quando chega o investigador (menecma de Cláudio), Guilherme tem a chance de reinventar o pai, fazendo o policial ler a peça que o pai jamais leria. Se ele tiver a imagem (o simulacro) do pai lendo seu texto, ele terá também o que sempre desejou: a aprovação do pai. Se a peça é mesmo um sonho, nada mais natural que Julie apareça convenientemente no momento em que Apolônio começa a se transformar em Cláudio Polônio. Para que sua peça seja lida pelo pai, Guilherme precisa de uma atriz para fazer o papel de Eva. Daí, surge Julie, menecma de Giulia. Agora, Guilherme está pronto para realizar o seu desejo.

Essa é a peça que Guilherme quer escrever no sonho. Mas não dá certo. Afinal, Guilherme é muito provavelmente um edipiano tardio. E o desejo repugnante e inconfessável de matar o pai para se casar com a mãe invade o universo do sonho na forma de dois outros personagens: o investigador e Julie.

Ambos são também personagens-dramaturgos. Apolônio quer escrever uma trama policial, na qual ele é o herói que vai resolver o caso e, no fim, ficar com a "mocinha". Julie quer escrever uma tragédia. Ela diz que apesar de ser apaixonada por Guilherme não poderá perdoá-lo caso ele tenha matado a sua irmã. Terá que vingar a morte dela. Julie está convencida disso, porque deseja que o sonho-peça seja uma tragédia. Ela, porém, é uma típica dramaturga amadora, como o Polônio de *Hamlet*, e tenta fazer tragédia lançando mão de intrigas vulgares para manipular os outros personagens. As vontades desses dois personagens-dramaturgos, Julie e Apolônio, entram em choque com a vontade de Guilherme. Como personagem-dramaturgo, ele deseja escrever um drama (ou melodrama) com final feliz. Ele busca a redenção, o apaziguamento de seus conflitos com o pai.

Assim como, segundo Abel, *Hamlet* tem que sucumbir ao "único dramaturgo cujo roteiro, como o da tragédia, implica necessidade e nos coloca além do acaso" (a morte), Guilherme sucumbe a um outro dramaturgo não menos implacável que a morte: seu próprio inconsciente, povoado de fantasias edipianas.

Faço questão de repetir: não pensei em nada disso quando escrevi a peça e, como sugeri antes, sou um teórico de merda. Honestamente, acho que tudo o que escrevi tem mais a ver com ficção do que com teoria literária. Mas, insisto, espero que tudo isso ajude vocês a entrar no texto com mais confiança.

Acho que já falei bastante de Guilherme. Vou tentar agora esboçar algumas reflexões sobre os outros personagens, deixando de lado, momentaneamente, a ideia de que a peça é um pesadelo de Guilherme. Vamos esquecer, então, que a vida é sonho e partir do pressuposto de que tudo na peça é verdade.

III

Giulia (e um pouco de Julie)

Podemos imaginar algumas possíveis histórias pregressas para Giulia. Como ela se meteu na situação em que vive? Como se tornou, ao mesmo tempo, mulher, nora e amante? Vou improvisar.

Vamos supor que as gêmeas (Giulia e Julie) cresceram em constante competição, ambas com vocação artística. Julie optou pela música e esbanja talento ao piano. É uma virtuose. Desde pequenas, nas aulas conjuntas de piano, Julie se destacou, superou a irmã. E daí nasceu a inveja. Incapaz de competir com a irmã, Giulia decidiu ser atriz.

Julie conheceu Guilherme, começaram a namorar e, graças a essa relação, sua irmã (Giulia) conseguiu se aproximar do famoso ator Cláudio Apolônio. Cláudio se apaixonou pela jovem aspirante a atriz e fez o que pôde para impulsionar sua carreira. Mas ele é um homem possessivo (apesar de impotente) e quer a jovem o tempo todo ao seu lado. Seu filho Guilherme (a quem ele despreza) vai se casar com Julie. Como Guilherme é frágil e dependente do pai, depois de casar eles vão morar na casa dos pais dele. Cláudio, então, cria sua trama pérfida: com o apoio de Giulia, envenena e destrói o relacionamento do filho com Julie. Eles se separam. E, graças ao poder tirânico do pai, mesmo contra sua vontade, Guilherme se casa com Giulia.

Giulia não gosta da situação. Mas é ambiciosa e percebe que não terá futuro se não entrar no jogo de Cláudio. Vai morar com Guilherme na casa de Cláudio, tornando-se amante do famoso ator. Quando a mãe de Guilherme morre, Giulia passa a dormir no quarto do sogro-amante. É uma humilhação para Guilherme, mas ele já está resignado com sua vida infeliz. Para Giulia, entretanto, a humilhação é insuportável. Ela não quer ser amante do velho impotente. Nunca o admirou verdadeiramente como ator. Apenas usou Cláudio para fazer sua carreira decolar, ao mesmo tempo em que permitiu ser tratada como objeto de um desejo perverso. Mas ela sabe que se abandonar o amante, ficará pobre e ele fará o possível para destruir a sua carreira. Giulia não confia no próprio talento. É tão insegura quanto ambiciosa.

Com a morte de Cláudio, Giulia, em princípio, poderia se divorciar de Guilherme e tocar a vida por conta própria. Porém, ela tem dois motivos para continuar casada com ele: 1) se se separar não terá direito à herança de Cláudio; 2) se se separar, Guilherme se casará com Julie, que assim irá desfrutar da riqueza que ela considera sua, por direito adquirido. Julie vai suplantá-la na vida como fazia nas aulas de piano.

Obviamente, falta realismo a essa situação. Mas ela não está na peça. Portanto, podemos imaginá-la sem as restrições da realidade, desde que ela ajude a Paulinha a construir sua personagem.

Giulia também é personagem-dramaturga. Ela quer que Guilherme faça parte de um drama no estilo de Strindberg. Todo o ódio que ela sente pelo finado Cláudio (que mesmo após a morte a mantém como se fosse sua posse) é dirigido agora ao seu marido, o homem que ela seduziu apenas para realizar a vontade do famoso ator e, assim, impulsionar sua carreira de atriz. Ela quer provar a si mesma que é a mais forte (como diz o título de uma peça de Strindberg). Para isso, encena o seu drama todos os dias, usando Guilherme como seu coadjuvante.

Guilherme odeia Giulia, mas é incapaz de contradizer o pai, mesmo ele estando morto. Tudo o que ele quer é reinventar sua relação com o pai produzindo um documentário (um documento, algo com peso de realidade) hagiográfico que, ele espera, será recebido com louvor pela crítica, colocando-o assim no mesmo patamar do pai. O documentário é uma forma de conseguir a aprovação simbólica do pai.

Porém, Giulia está no andar de cima. Quando ela desce aos domínios de Guilherme, obriga-o a entrar na peça que ela, personagem-dramaturga, quer escrever. Quando Giulia ameaça jogar fora a única coisa que Guilherme tem para forjar um documento (documentário) da sua própria história (a fita com as imagens do pai), Guilherme se desespera. Ele pode suportar a humilhação, mas não pode perder as imagens que têm o poder de dar um novo significado à sua vida e reconstruir seu ego.

Por isso, ele mata Giulia. Está resolvido o conflito. Porém, o mesmo artifício utilizado por Guilherme para resolver o conflito com Giulia (o tiro) gera um novo conflito: a chegada do investigador.

IV

Investigador Apolônio

O investigador é um policial com alguma instrução, porém sem muita sofisticação. É relativamente inteligente (desconfia rapidamente que Guilherme matou a mulher). Porém, sua vaidade e suas veleidades intelectuais (claramente expressas na sua absurda teoria científica da alma) o impedem de perceber suas próprias limitações e também sua sensibilidade incomum. Apolônio tem a sensibilidade artística de um ator. Quando ele entra no jogo da peça dentro da peça, esse talento aflora. Ele entra no personagem tão profundamente que a imobilidade das pernas do Velho afeta suas pernas de ator. É claro que o veneno no champanhe colabora para esse efeito ser bem-sucedido. Mas qual é o veneno que mata o investigador? Se é representando um personagem que ele acaba perdendo o controle sobre sua própria vontade para, em seguida, morrer, por que não entender o veneno como metáfora? O investigador sucumbe, então, ao veneno do teatro.

Guilherme insiste ao longo da leitura: é tudo verdade. No final, porém, ele se desdiz: é tudo mentira. Para mim, a representação teatral (assim como a arte em geral) é ao mesmo tempo mentira e verdade. Eu não me interesso pela ilusão de realidade, mas, sim, pela sensação de verdade. Eu tentei colocar essa ideia no personagem do investigador. A peça que ele encena (*Almas acorrentadas*) não tem o menor compromisso com a ilusão de realidade. Porém, o exercício da representação produz, no investigador, a sensação de verdade. Novamente, volto aos sonhos. O que perturba nos pesadelos mais absurdos e incoerentes não é o absurdo nem a incoerência: é a terrível sensação de que os absurdos e as incoerências são verdadeiros.

Portanto, a ideia de peça-sonho aplica-se também ao investigador. Se, no início, ele é apenas um personagem do pesadelo de Guilherme, quando ele passa a representar o pai (seu menecma) fazendo o papel do Velho, aquela situação passa a ser o seu próprio pesadelo, no qual ele morre. Mas vamos voltar ao início.

Já disse antes que, como personagem-dramaturgo, o investigador quer encenar uma história policial com final feliz. Ele é o autor e o protagonista dessa história. Ele vai desmascarar o assassino, o inimigo do povo. Lembrem-se de como ele dramatiza as ações que atribui a Guilherme[4].

---

4. A cena referida aqui foi reescrita antes da estreia, mas não foi entregue aos atores. No espetáculo do Sesi, a cena é um pouco diferente

O que faz o investigador naquela cena? Ele trata Guilherme como personagem secundário de uma história que ele está "escrevendo" naquele mesmo momento e na qual ele é o protagonista, uma vez que a história, como eu disse, é uma trama policial em que o detetive desvenda o crime e pune o criminoso.

Pensando em termos de dramaturgia clássica, a chegada de Apolônio representa para Guilherme um obstáculo para a realização da sua vontade. O que quer Guilherme? Simples: montar o seu documentário sobre o pai morto e, assim, reescrever sua própria história, apaziguando seus conflitos com o pai. Guilherme quer a extinção do conflito. Por isso, ele não quer, inicialmente, ser um autor de teatro nem de ficção. Ele quer fazer um documentário e, dessa forma, manipular livremente as imagens e usar sua voz para construir para si mesmo uma imagem "verdadeira" e positiva do pai. Mas ele está no teatro. E teatro é conflito.

Para Guilherme, entretanto, a chegada de Apolônio é mais que um obstáculo: é uma usurpação. Como personagem, seu conflito é simples: montar o documentário. O investigador chega para atrapalhar. Para o personagem-dramaturgo, entretanto, o drama é mais complexo: pela segunda vez na peça (a primeira foi com Giulia), alguém está tentando fazer dele o personagem secundário

---

da versão do texto publicada neste livro. Essa ação do investigador foi cortada. A ideia de personagem-dramaturgo, porém, permanece valendo em outras ações do investigador.

em uma trama que não lhe interessa. Guilherme tem que se livrar do investigador.

A situação muda, entretanto, quando o investigador revela seu rosto, e Guilherme percebe estar diante de um sósia de seu terrível pai. Guilherme crê ter encontrado a solução para a falha do seu documentário. Quando faz a locução sobre as imagens, ele não consegue expressar com palavras a grandiosidade do pai no momento da morte. Seria preciso uma imagem do próprio pai nesse momento. Apolônio pode representar o pai. E a representação, no documentário, terá o valor de verdade; será um documento da proximidade entre pai e filho. Se o mundo pensar que o grande ator Cláudio Apolônio deixou-se filmar pelo filho quando já sentia a vida se acabar, é porque julgava importante estar próximo do filho no momento da morte. É o que pensa Guilherme quando decide trazer a representação (o teatro) para o seu documentário.

A veleidade e a vaidade de Apolônio suspendem momentaneamente o seu impulso de personagem-dramaturgo. Ele sucumbe à dramaturgia de Guilherme, mas por pouco tempo. Com a chegada de Julie, Apolônio fica em uma situação ambígua. Ele aceita fazer parte da trama de Julie por dois motivos: porque a deseja e porque a trama trágica de Julie é, de certa forma, a retomada de sua trama policial. E com uma diferença interessante: se ele desvendar o mistério e desmascarar o assassino, a mocinha da história ficará livre para amá-lo.

V
Julie

Sobre a biografia de Julie, muito já foi dito na história improvisada de Giulia. Podemos acrescentar alguns detalhes relevantes para a construção da personagem. Julie amava Guilherme e também a irmã. Por isso, pediu a Guilherme para ajudar Giulia, aproximando-a de Cláudio. O desejo e a perversidade do famoso ator, porém, arruinaram a vida amorosa de Julie. Para ter Giulia sempre por perto, ele a obriga a seduzir o próprio filho e se casar com ele. Julie sabe que Guilherme é frágil demais para enfrentar o pai. Mas nem por isso o perdoa. Ela vai sempre se ressentir dele. E, ainda que não admita para si mesma, deseja vingar-se da irmã e do cunhado (que quase foi seu marido). É por isso que ela atende o chamado de Giulia, que diz a ela (como incluí na versão mais recente do texto), que tem medo de Guilherme.

Podemos imaginar Julie recebendo um telegrama da irmã com as seguintes palavras: "Venha, pelo amor de Deus. Gui enlouqueceu. Tenho medo que ele me mate. Só você pode acalmá-lo. Me perdoe pelo mal que eu te fiz. Beijos, Giulia".

É legítimo perguntar por que Giulia teria enviado tal telegrama. Novamente, improviso: Giulia sempre ressentiu o talento superior da irmã. Ela quer provar que é a mais forte. Seu pedido de socorro é, na verdade, uma armadilha. Precisa de Julie para completar o drama ao estilo de Strindberg que deseja escrever.

Julie, por sua vez, também tem seus motivos ocultos para aceitar o convite. Ela nunca perdoou de verdade a irmã e o amado. Ir à casa deles e testemunhar de perto o inferno em que eles vivem é uma forma de vingança.

Quando Julie chega, porém, Giulia não está lá. E, ao que tudo indica, o telegrama da irmã (mentiroso, quando foi escrito) era mesmo verdadeiro: Guilherme matou Giulia. Julie tem certeza disso.

Julie passa a se comportar como personagem-dramaturga. Como afirmei anteriormente, Julie, dramaturga amadora, lança mão de intrigas para manipular os outros personagens numa tentativa de transformar a história em tragédia. Seus deveres de irmã são maiores que sua paixão. A tragédia, então, consiste no fato de ela precisar provar a culpa do amado para que ele seja punido. Do ponto de vista psicológico (esquecendo o metateatro), Julie quer na verdade punir Guilherme por tê-la trocado pela irmã. Ou seja, sua vontade de escrever a história como tragédia esconde na realidade o desejo de escrever um melodrama. Porém, e isso é importante para a Paulinha, Julie não tem consciência disso. Ela acredita estar escrevendo uma tragédia, mas ignora sua motivação melodramática. Estou aqui misturando teoria literária e psicanálise. Meus professores tinham razão: sou um bosta como teórico. Disso, porém, tenho certeza: Julie quer escrever a história como tragédia, mas é uma dramaturga amadora. Lança mão do expediente da intriga para manipular os personagens em um registro muito mais adequado ao melodrama.

VI

Almas acorrentadas

A peça dentro da peça gera uma grande confusão. Vou me esforçar, no entanto duvido que minhas explicações sejam menos confusas do que o próprio texto. Mas vamos lá.

Por que incluí uma peça dentro da peça? Não lembro o que passou pela minha cabeça quando tomei essa decisão. É muito provável que a ideia tenha surgido espontaneamente, por conta da minha obsessão por *Hamlet*. Seja qual for o motivo, entretanto, o que de fato importa é que a peça dentro da peça foi minha resposta à mesma pergunta que eu me fazia todos os dias, quando me sentava para escrever *Menecma*: "E agora? O que esses caras vão fazer?".

Eu tinha em cena dois sósias de dois atores mortos, um cineasta homicida perturbado e uma câmera de vídeo. Além disso: o cineasta perturbado, protagonista da história, que de frágil e humilhado se converte em assassino impiedoso, tem um objetivo muito claro desde o início da peça: fazer um documentário sobre seu pai.

Talvez esses elementos tenham me levado a uma resposta inequívoca: esses caras têm que fazer um filme. Mas como estamos no teatro e não seria verossímil simular uma filmagem no palco, tirei da cartola a ideia de que Guilherme tinha uma peça inédita, indubitavelmente escrita para o pai, que nunca se dignou a lê-la. O registro de uma leitura de uma peça de teatro cabe perfeitamente em um documentário.

Vou aceitar essa explicação como verdadeira. A pergunta seguinte, então, foi: como deve ser essa peça dentro da peça?

Não sei se pensei o que vou dizer agora quando escrevi a peça, mas é o que eu penso agora: a peça dentro da peça tinha que ser muito diferente de tudo o que tinha acontecido até então. E, considerando a personalidade de Guilherme e sua relação doentia com o pai, a peça dentro da peça deveria tratar dessa relação pai–filho de maneira velada.

Julie conhece o texto de cor. Por isso, logo percebe na ideia de Guilherme a possibilidade de fazer *Almas acorrentadas* funcionar como a ratoeira de *Hamlet*: confirmar a suspeita de que Guilherme matou Giulia. A leitura da peça levaria à confissão do crime. A estratégia de Julie está baseada em sua crença na loucura de Guilherme. O que ela e o investigador devem fazer é interpretar o texto de tal maneira que Guilherme pensará estar diante de Cláudio e Giulia. Ou seja: Julie quer usar a peça dentro da peça para fazer uma terceira peça. Nessa nova peça, Julie interpreta Giulia, e Apolônio interpreta Cláudio Polônio, duas figuras com poder para aterrorizar Guilherme a tal ponto que será impossível ele não confessar o crime.

Julie não leva em conta que há um ponto em comum entre a peça dela e a peça que Guilherme quer encenar. Não me refiro aqui a *Almas acorrentadas* (que é só o pretexto), mas à verdadeira peça que Guilherme está encenando: a peça em que Cláudio lê o texto escrito pelo filho. Quer dizer, tanto na peça de Julie como na peça de Guilherme, o pobre investigador tem o mesmo papel: ele é Cláudio, o pai de Guilherme.

Apolônio não entende bem as implicações dessa coincidência. Por isso, em determinado momento, ele se sente manipulado por Guilherme e Julie ao mesmo tempo, como se os dois estivessem conspirando contra ele, assim como antes ele e Julie conspiraram contra Guilherme. O público, suponho, vai se colocar na pele do investigador nesse momento e partilhar da mesma dúvida.

Quando Apolônio interrompe a leitura da peça pela primeira vez, ele está assustado com o realismo do sofrimento de Eva/Julie. Mas não é só isso. Ele também tem certa dificuldade em se levantar da cadeira de rodas, como se tivesse se acostumando a ela. Os planos de Julie e Guilherme estão funcionando: Apolônio está se transformando no pai de Guilherme interpretando um personagem que não pode andar.

Ele quer desistir. Julie então apela para a sedução. E Guilherme dá o flagrante. Daí para diante, os conflitos entre as vontades dos personagens-dramaturgos serão acirrados e, como em *Hamlet*, quem ganha o jogo é o dramaturgo-mor: a morte.

VII

Almas acorrentadas e Guilherme

Voltando ao texto da peça dentro da peça, que *catso* Guilherme quer dizer com aquilo? Talvez, nem ele mesmo saiba responder. Então, vamos nos aventurar em uma possível interpretação.

Almas acorrentadas tem como tema o horror diante da possibilidade do incesto. Ivo pergunta: "Éramos irmãos?". Ivo amou Eva. Algo interditou a realização desse amor. Seria o incesto? Confesso que quando escrevi a peça dentro da peça eu estava pensando em Nelson Rodrigues. Mas sem levar a sério. Para mim, a peça dentro da peça tratava-se apenas de uma paródia das peças de Nelson Rodrigues que tratam do incesto. Mas se pensarmos em Édipo, podemos imaginar que o tema do incesto tem para Guilherme um significado psicanalítico. Se o personagem é um Édipo tardio, então, apesar de adulto, ele ainda deseja inconscientemente matar o pai para casar-se com a mãe (ainda que ambos já estejam mortos). Essa possibilidade é fonte de neuroses e outras perturbações.

Guilherme não tem coragem de se perguntar: "Sou um incestuoso?". Então, ele desloca a pergunta para o seu personagem Ivo (que ele mesmo interpreta) e transfere a questão do desejo pela mãe para a questão do incesto entre irmãos, evitando, assim, encarar o problema de frente. Ele ataca pelas bordas.

Porém, acontece algo interessante aqui. Eva (possível irmã de Ivo e objeto de amor incestuoso) é interpretada por Julie, irmã de Giulia, mulher de Guilherme e amante do pai. Quer dizer, a possível irmã de Ivo é interpretada pela irmã da mulher de Guilherme. E a mulher de Guilherme é na verdade mulher de seu pai. Segundo um psicanalista que conheço, a questão edipiana não se explica apenas pela relação mãe-filho, mas também pela relação filho-mulher do pai. Ou seja, a questão edipiana não está necessariamente associada à mãe biológica e não precisa ser obrigatoriamente enunciada dessa forma: o complexo de Édipo é o desejo do filho de "comer" a mãe. Pode-se explicar o complexo de Édipo como o desejo do filho de "comer" a mulher do pai.

Resumindo, apesar de para mim a peça dentro da peça ser uma brincadeira com Nelson Rodrigues, para Gustavo, que interpreta Guilherme, o texto pode, sim, ter um significado mais profundo. A peça *Almas acorrentadas* pode ser a encenação do grande drama psicológico de Guilherme. Ao obrigá-lo a se casar com a própria amante, o pai de Guilherme o colocou forçosamente na posição de filho incestuoso. E sendo Guilherme um edipiano tardio, ele pode interpretar essa situação como uma maneira de o pai lhe dizer: "eu sei que você deseja minha mulher e, por isso, quer me matar. Mas você é um bosta e eu vou acabar com você".

Retomando a linha interpretativa de que a peça (*Menecma*) é sonho, então, podemos ir ainda mais longe nessa história. Corro o risco de passar do ponto, mas vou mandar ver.

Podemos supor que o investigador Apolônio representa de fato o pai de Guilherme. O inconsciente dele cria o personagem do investigador deslocando as características físicas do pai. Da mesma forma, é possível imaginar que Guilherme nunca foi casado na vida real. As gêmeas do sonho são apenas desdobramentos da figura materna. Julie realiza o desejo edipiano de Guilherme, enquanto Giulia está no sonho para lembrá-lo da interdição do incesto. Ao matar o investigador e Giulia, Guilherme ao mesmo tempo mata o pai e anula o tabu do incesto. Lembrem-se de que ele diz ao investigador que Julie está escondida no andar de cima. Com as mortes de Giulia (a mãe interdita) e do investigador (o pai superego), Guilherme está livre para ser um Édipo sem culpa, com uma mulher acessível e idealizada. Julie ama Guilherme, cuida dele e toca piano muito bem. Julie é Giulia, sem os defeitos. Julie é a mãe que pode ser amada sem culpa. Como dizia Freud, todo sonho representa a realização de um desejo.

Talvez seja esse o significado de *Almas acorrentadas* para Guilherme. Para mim, a interpretação que acabo de fazer é apenas uma prova de que eu morreria de fome se tivesse tentado seguir a carreira de psicanalista. E que eu faço muito bem em não me levar a sério. It's only rock'n'roll.

VIII

Almas acorrentadas para o investigador

A peça funciona para o investigador (menecma de Cláudio) como a peça dentro da peça em *Hamlet* funciona para Cláudio (tio assassino e incestuoso): é uma ratoeira. A diferença é que, em *Hamlet*, Cláudio é apenas espectador, e a ratoeira captura sua consciência culpada. Em *Menecma*, o investigador, sósia de Cláudio, tem que ser ator na peça dentro da peça. Ele interpreta o grande ator morto vivendo o personagem escrito pelo filho desse mesmo grande ator morto. A partir de um determinado momento, o investigador interpreta também o personagem da intriga criada por Julie, que pretende fazer da peça uma ratoeira para pegar a consciência culpada de Guilherme. Incapaz de dar conta desses dois personagens ao mesmo tempo, o investigador acaba perdendo o controle sobre sua própria vontade. Ele realiza os objetivos conflitantes de Guilherme e de Julie com sucesso. Porém, à custa da própria vontade e da própria vida.

Ao interpretar Cláudio em *Almas acorrentadas*, o investigador descobre que o ofício de representar pode ser mais perigoso que a profissão de policial.

IX

Almas acorrentadas para Julie

Julie não se importa com os possíveis significados da peça dentro da peça. Para ela, *Almas acorrentadas* é apenas um instrumento de vingança. Ela não está interessada em interpretar Eva. Ela quer interpretar a irmã Giulia interpretando Eva. E quer fazê-lo de maneira a convencer Guilherme de que ela é Giulia, que não morreu, mas é testemunha da tentativa de assassinato. Ou, então, Guilherme pode pensar que está diante do fantasma de Giulia. Em qualquer um dos casos, o objetivo de Julie se realiza: Guilherme confessará seu crime e será punido. Julie se vingaria assim do quase-marido, com a ilusão de estar vivendo uma tragédia.

Seu amadorismo como dramaturga é que acaba sendo trágico para ela mesma, mas não no sentido grego. Usando de artimanhas banais para impor sua visão de personagem-dramaturga à história, ela praticamente faz sexo com Apolônio no sofá[5]. Quando Guilherme dá o flagrante, a imagem idealizada de Julie desmorona. Mas ele não pode permitir que isso aconteça. Novamente, ele desdobra a figura da mulher idealizada em duas: a que está pegando no pau do investigador é a malvada Giulia. A bondosa Julie está escondida no andar de cima, protegida, preservada.

Guilherme sabe como lidar com Giulia. Matou a mulher uma vez. Vai matá-la novamente. E vai matar a imagem do pai, encarnada no investigador, que se uniu à perversa Giulia para destruí-lo. Guilherme, sem dúvida, está louco. Por isso consegue matar os outros dois personagens, realizando de uma só vez a trama do inconsciente-dramaturgo e do dramaturgo-mor: a morte.

---

5. No texto original, de 1992, a cena é descrita como um quase-coito. Na montagem do Sesi e no texto aqui publicado, a cena entre Julie e Apolônio limita-se a um beijo na boca. Gostei do efeito do beijo na montagem e incorporei a mudança ao texto.

X
Final

Até antes da versão mais recente do texto, Guilherme terminava a peça sozinho e satisfeito com o seu documentário. A ideia de que ele estaria louco era afirmada na locução do vídeo: "Eu menino, me-nino". Isso continua exatamente assim.

A diferença está no detalhe que acrescentei: o piano mal tocado volta a soar no andar de cima. Isso para mim tem um significado: os fantasmas não morrem. O que Guilherme fez ao longo da peça levou-o exatamente para o começo de tudo. Ele só quer montar o documentário. Mas, no andar de cima, está Giulia. Ela toca o piano para lembrá-lo de que o tormento não tem fim. Em breve, ela vai descer a escada para não deixá-lo esquecer que suas tentativas de resolver simbolicamente o conflito com o pai morto são inúteis. O simbólico, a representação não resolve o real. O real não perdoa. Os atores que saem do alçapão não fingem que estão molhados. A água que pinga de suas roupas molha o chão de verdade. O real é foda. E a verdadeira função do artista é semear o desespero nos corações humanos[6].

---

6. Tanto a montagem do Sesi como o texto aqui publicado diferem um pouco do final que eu tentei explicar nesse trecho das notas. E diferem também entre si. Gosto igualmente do final original e do final atual da montagem. Prefiro, entretanto, a versão nova, que surgiu enquanto eu revisava o texto para publicação.

XI

Conclusão

Hesitei muito em acrescentar as linhas que se seguem. Ainda não estou seguro se devo acrescentá-las ou não[7]. Eu me sentiria desonesto se não escrevesse o que quero escrever agora. Mas, ao mesmo tempo, temo que minha honestidade possa atrapalhar em vez de ajudar. Quem sabe eu não apago este parágrafo antes de mandar o texto? Vou pensar enquanto escrevo a verdade. A verdade é que quase tudo o que eu escrevi até agora me parece pura bobagem. Em relação aos personagens-dramaturgos, Strindberg e Nelson Rodrigues, é tudo verdade. O papo pseudopsicanalítico é pura mentira. A verdade, meus caros, é que o que eu tentei fazer de fato em *Menecma* tem mais a ver com física quântica do que com psicanálise. Eu adoraria saber explicar o

---

7. À época, omiti esse parágrafo quando enviei as notas aos atores.

paradoxo do gato de Schrödinger para vocês entenderem o que eu quero dizer. Vocês sabem do que eu estou falando? O gato está no armário, nem vivo nem morto. Há 50% de chances de ele estar vivo e 50% de ele estar morto. Enquanto você não abrir o armário para olhar, o gato não está nem vivo nem morto. E aí que está o segredo de *Menecma*.

Vocês estão ouvindo minha gargalhada sinistra?

Beijos,

29 de janeiro de 2011
BRÁULIO MANTOVANI

XII
A Voz[8]

Laís e Roney

Tenho algumas coisas a dizer sobre a Voz, que vocês podem incorporar na gravação amanhã, se forem úteis. Ou descartar, se não ajudarem em nada.

Pergunta: O que é Voz?

Resposta honesta: uma sacanagem, em princípio. Ou seja, uma brincadeira com o próprio fazer teatral: temos truques e podemos usá-los. Essa é a ideia de mostrar o gravador de rolo no fim da peça[9]. É dele que vem a gar-

---

8. Esta nota foi escrita em outro momento, alguns dias antes de Laís e Roney irem ao estúdio do Bid (autor da trilha) para gravar a Voz da peça dentro da peça (*Almas acorrentadas*).
9. Na montagem do Sesi, o gravador de rolo não aparece no final, deixando sem explicação as manifestações da Voz na peça dentro da peça. Foi um opção da Laís que respeitei, apesar de não concordar com a solução.

galhada da Voz. A Voz estava pré-gravada. O truque está explicitado. Tudo não passou de uma representação. Guilherme é tão personagem quanto Ivo.

Resposta elaborada: da mesma forma que filmou o pai, Guilherme pode ter também gravado a voz dele em diferentes situações. Ele pode ter editado fragmentos de frases para criar frases novas, com o sentido (ou a falta de sentido) que ele quis ou conseguiu obter. Então, ele escreveu *Almas acorrentadas* com base nessas frases editadas[10].

Obviamente, a resposta acima vale para a interpretação de que o universo ficcional de *Menecma* está no plano do real. Se usarmos a outra interpretação, ou seja, tudo em *Menecma* é um pesadelo de Guilherme, *Almas acorrentadas* é um sonho dentro do sonho. As falas da Voz são fragmentos de memória que se misturam. Assim, a Voz pode ser ora um duplo de Cláudio ora um duplo de Guilherme. Ela ecoa ao mesmo tempo o pai e o filho (e já que não tem corpo pode ser encarada como o espírito santo; desculpem, não resisti à piada).

Independentemente da opção interpretativa, acho que não existem grandes diferenças para se entender a Voz. Mesmo que *Menecma* aconteça no plano do real, a elaboração consciente de Guilherme (editar as falas do

---

10. Comentei essa ideia com Gustavo Machado enquanto revisávamos juntos o texto para publicação. Ele gostou e começamos a improvisar possibilidades de incluir a ideia no texto. Daí surgiram as novas falas da Voz que não entraram na montagem do Sesi.

pai que gravou) não exclui as intervenções imprevistas do inconsciente. Quer dizer: ao escolher as frases para representar uma imagem do pai, Guilherme, sem se dar conta, também acaba falando de si mesmo, por meio da voz do pai. Faz sentido pra mim. Faz pra vocês?

Tudo isso tem a ver com a origem da Voz na peça dentro da peça. Pode ajudar vocês a construir o personagem da Voz e, assim, a entrar melhor no jogo teatral que eu tentei criar e que agora tento explicar.

Tem um pouco de Beckett nessa Voz. Ela é a Voz que um dia foi a voz do Velho. E a regra do jogo é a seguinte:

1) Ivo quer descobrir a verdade e matar o Velho.
2) Ivo não vê o fantasma de Eva nem ouve a Voz. Eva e a Voz são manifestações da consciência culpada e confusa do Velho.

O Velho está no fim de jogo, quero dizer: no fim da vida. Está decrépito. Está morrendo. Seu cérebro não faz sinapses com muita facilidade. Grande parte da memória já se foi. Eu acho que ele de fato não lembra se Ivo e Eva eram irmãos nem se matou ou não Eva ou se transou com ela. Ele nem sequer consegue se lembrar exatamente de quem ele foi. A Voz da peça é a voz que um dia foi a voz daquele que hoje é o Velho. Quem era o Velho antes? Não se sabe ao certo. Mas, pelos enunciados da Voz, pode-se inferir que se tratava de uma pessoa detestável, autoritária, propensa a atos de violência e perversão. Isso também fica claro pelo estado de Ivo. Ele é um ser patético, desesperado. E atribuiu a sua condição às maldades daquele que hoje é o Velho.

A Voz, portanto, é uma espécie de memória aprisionada que a chegada de Ivo liberta na cabeça do Velho. Mas é uma memória comprometida pela idade, fragmentada, corrompida.

A Voz e o fantasma de Eva têm a função, na peça *Almas acorrentadas*, de tentar fazer aquele velhinho indefeso, na cadeira de rodas, lembrar-se de que ele foi um dia um ser corrupto e vil. Endríago, como o chama Ivo, é um monstro devorador de virgens. No caso do Velho, está mais que sugerido que essa vocação é monstruosa por estar associada à pedofilia (Eva é uma menininha quase o tempo todo). E como a Voz e o fantasma são criações da própria cabeça dele, obviamente é ele mesmo quem está tentando lembrar quem foi e o que fez. Ele é carrasco de si mesmo. Ivo é um acessório. Mas não é só isso.

A ideia do metateatro de *Menecma* aplica-se, de certa forma, a *Almas acorrentadas*.

— Ivo é o dramaturgo elisabetano, propenso ao melodrama, tentando levar a cabo sua história de vingança violenta.
— Eva é uma dramaturga à la Bob Wilson: quer encenar com reiteração minimalista sua própria tragédia. Típica atitude de um fantasma que não encontrou a paz. Não tem para onde voltar e não sabe aonde ir. Não quer contar uma história. Quer apenas sugerir a história pela repetição de gestos e fragmentos de falas.

— O Velho é um dramaturgo à la Beckett, que quer que sua história seja contada em círculos, em um eterno limbo de memórias difusas, revelando a incapacidade do ser humano de compreender a si mesmo.

E a Voz?

Improviso: a Voz é o dramaturgo à la *Hamlet*. Tem consciência plena da sua condição de personagem-dramaturgo. A Voz só existe enquanto existir a peça dentro da peça. Por isso, para existir, ela precisa comandar o *show*. Foi isso que eu tentei deixar mais claro nas novas alterações[11]. A Voz emana do Velho, mas deseja ser autônoma; uma consciência autônoma, sem corpo. O corpo do Velho está corrompido pela ação do tempo. A Voz é atemporal. A Voz conserva a energia que a idade avançada tirou do Velho. O Velho talvez procure alguma redenção por conta de um resquício de moralidade. A Voz é amoral. Ela zomba da culpa. Ela goza com os próprios pecados.

É isso.

Beijos,

2 de março de 2011
BRÁULIO MANTOVANI

---

11. A diretora e os atores optaram por não incluir essas alterações a que me refiro na montagem do Sesi.

MENECMA

Ficha técnica

AUTOR
Bráulio Mantovani

DIREÇÃO
Laís Bodanzky

ATORES
Paula Cohen
Gustavo Machado
Roney Facchini

CENÁRIO
Cassio Amarante

ILUMINAÇÃO
Marina Stoll

FIGURINO
Cassio Brasil

MAQUIAGEM E VISAGISMO
Mary Paiva

VÍDEO

DIREÇÃO DE FOTOGRAFIA E CÂMERA
Carlos Baliú

PRODUÇÃO
Gustavo Brandão

EDIÇÃO
Sabrina Wilkins

FINALIZAÇÃO
Guilherme Ramalho

MÚSICA
Bid

PRODUÇÃO
Buriti Filmes e J.Leiva Cultura & Esporte

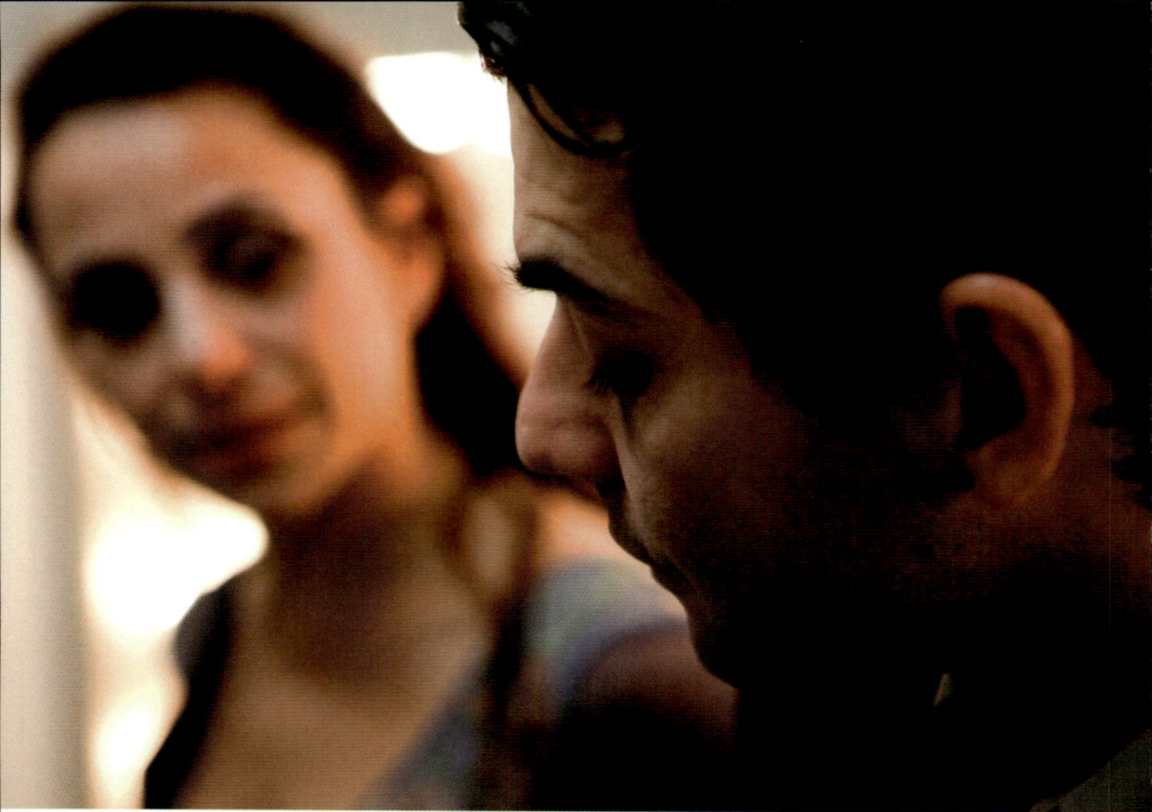

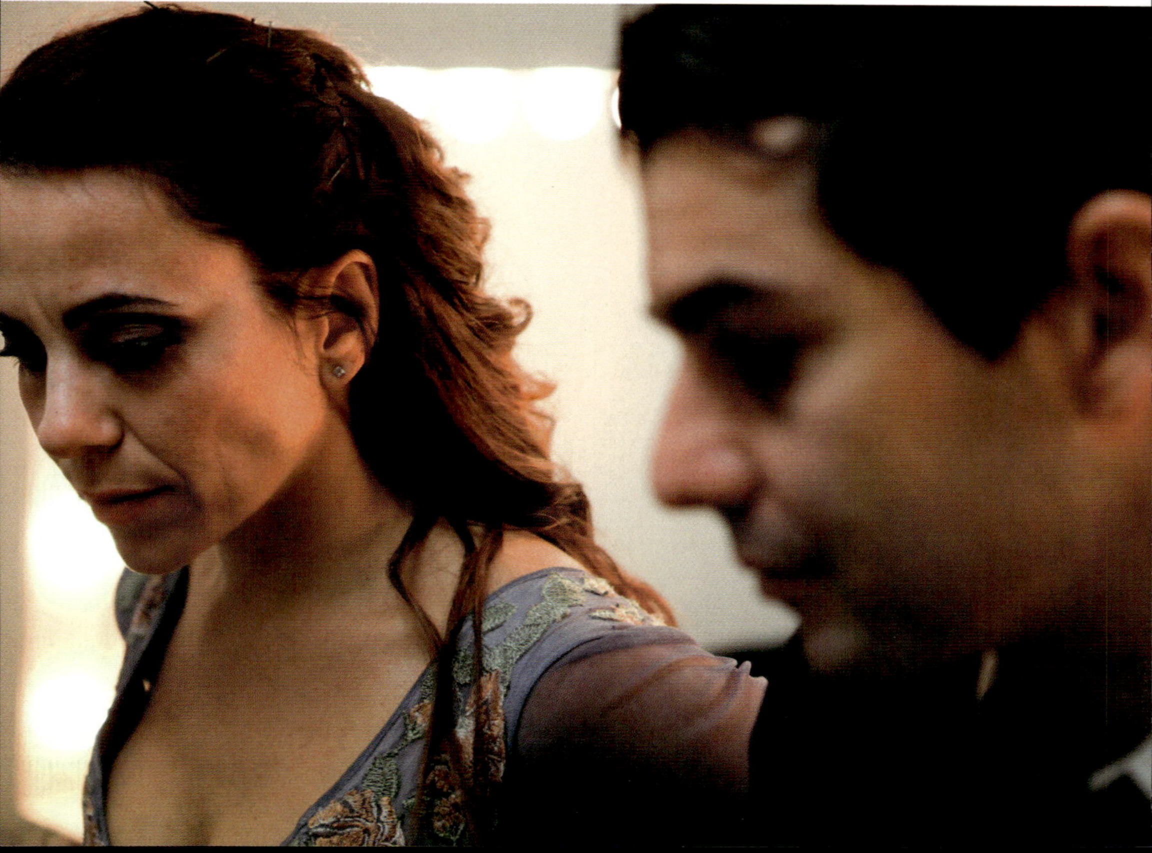

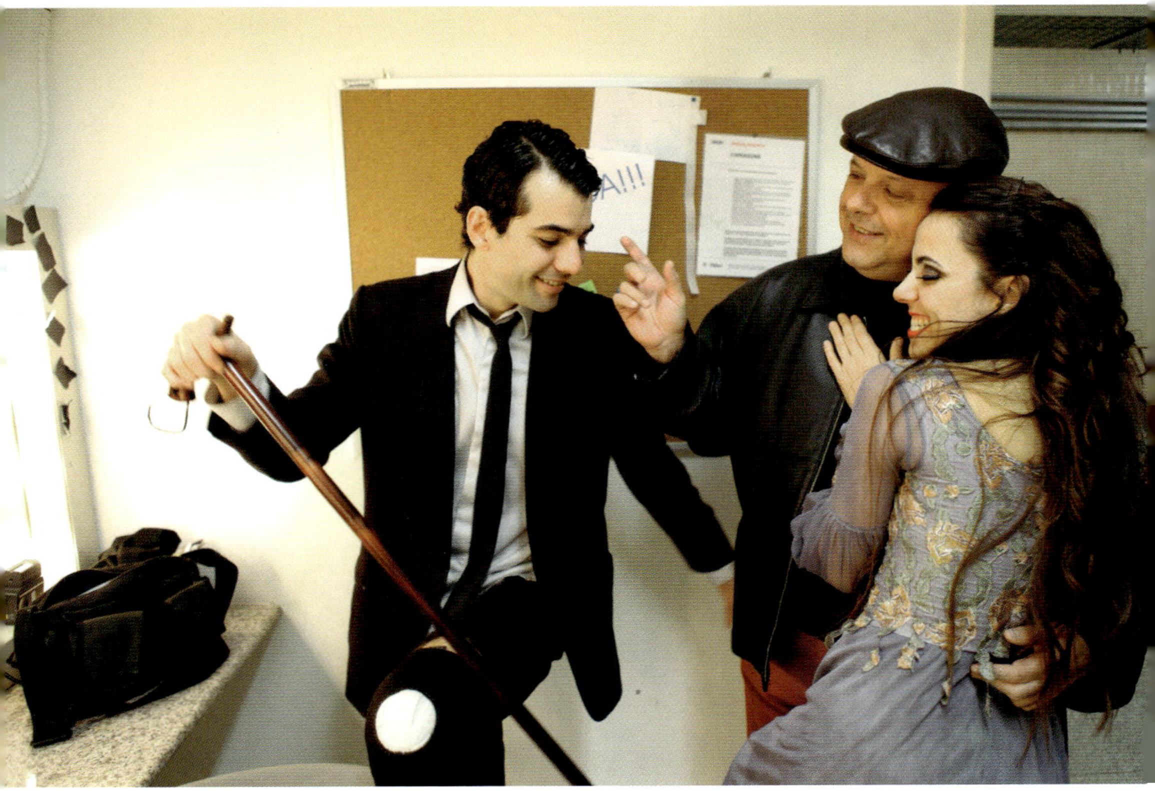

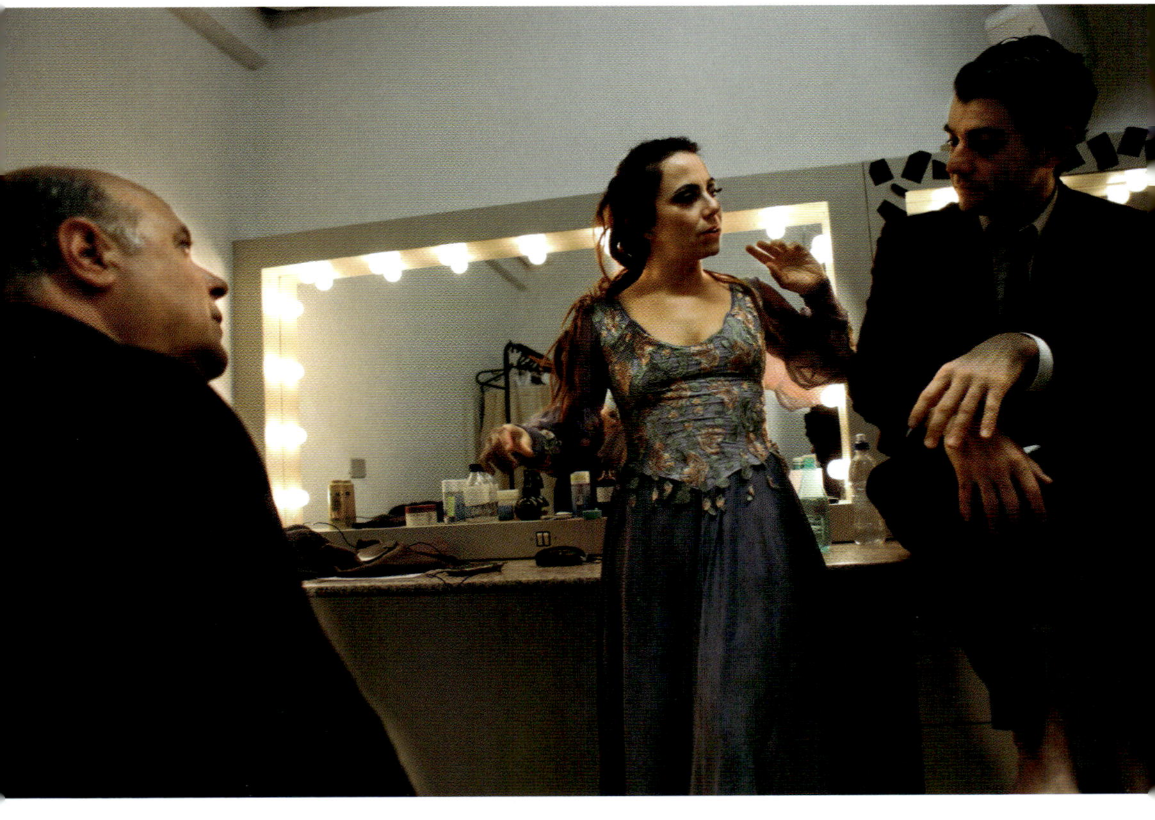

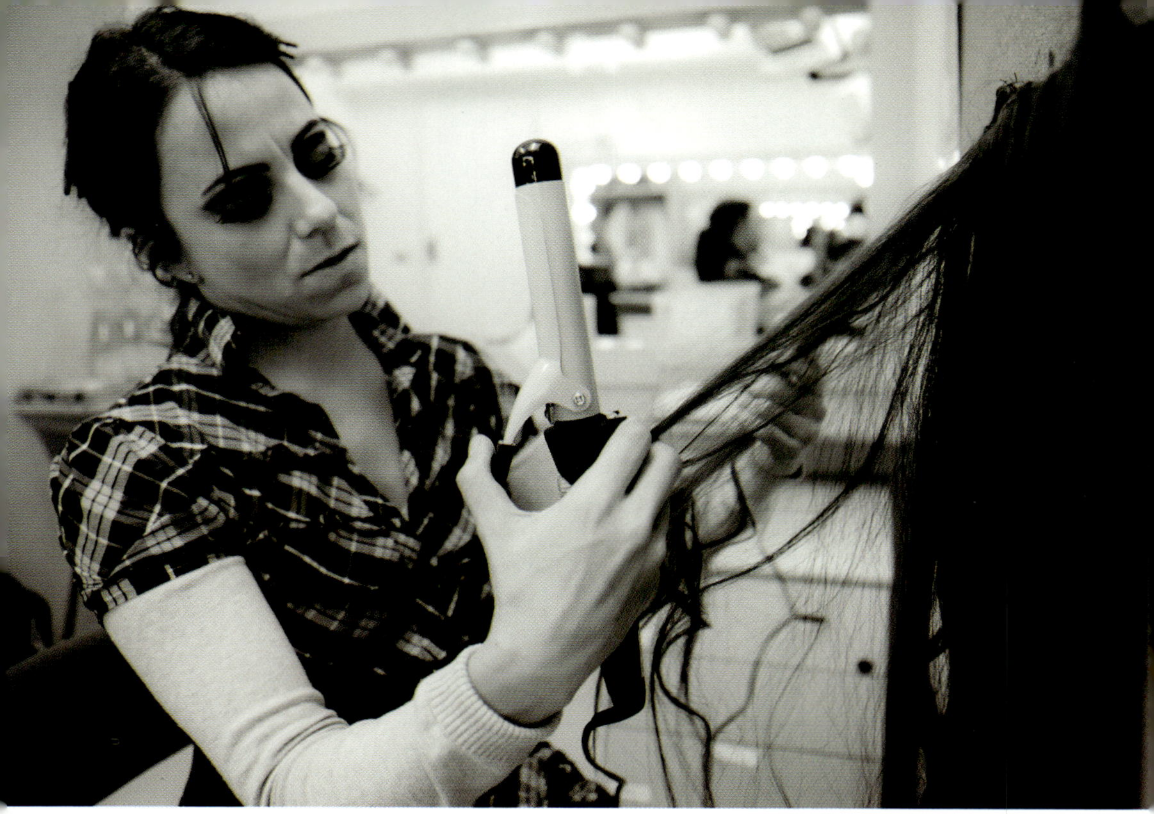

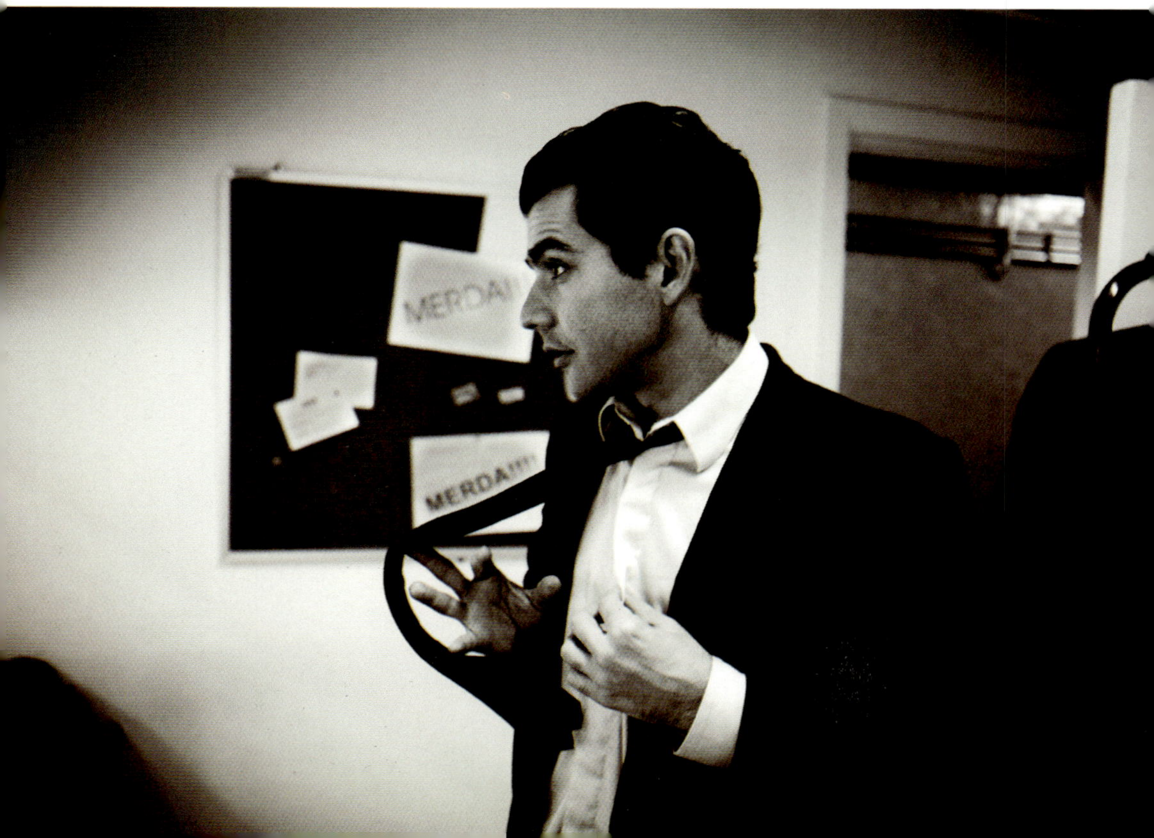
MERDA!
MERDA!!!

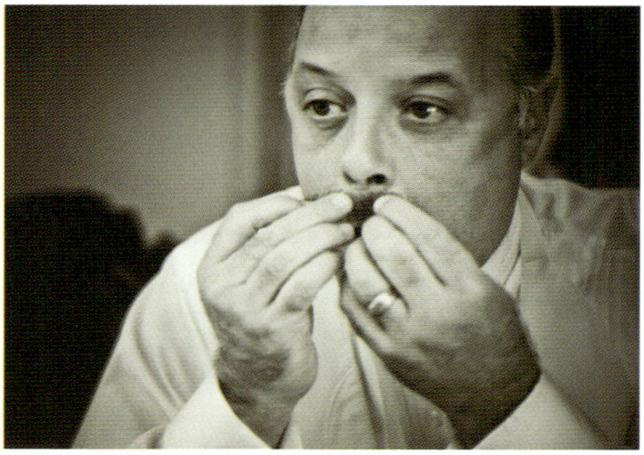
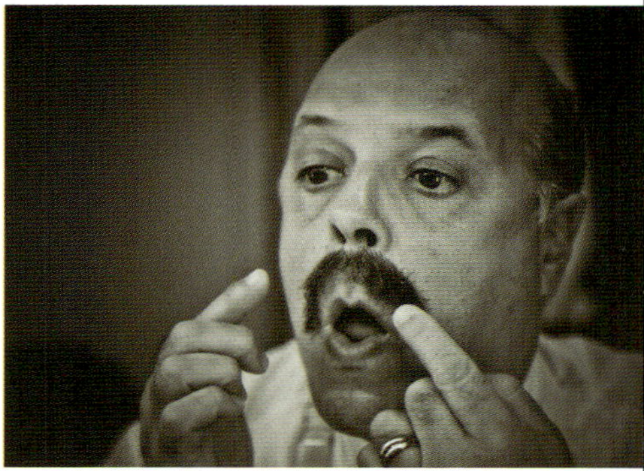
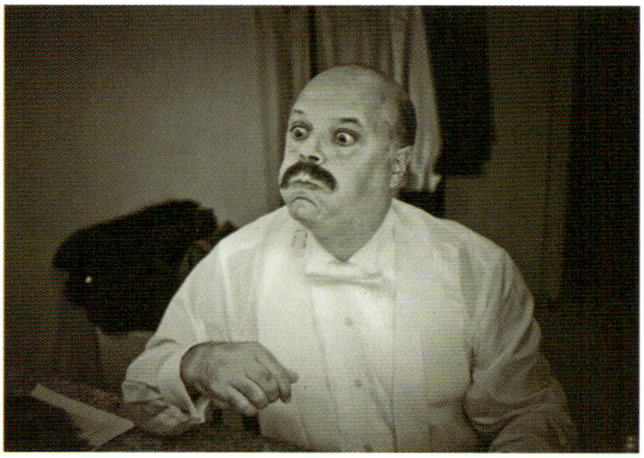
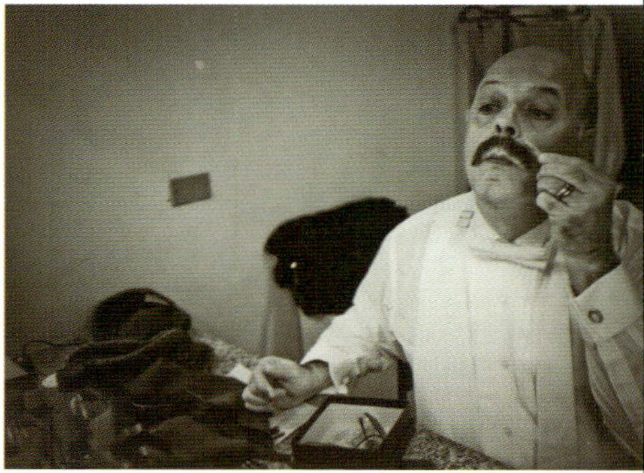

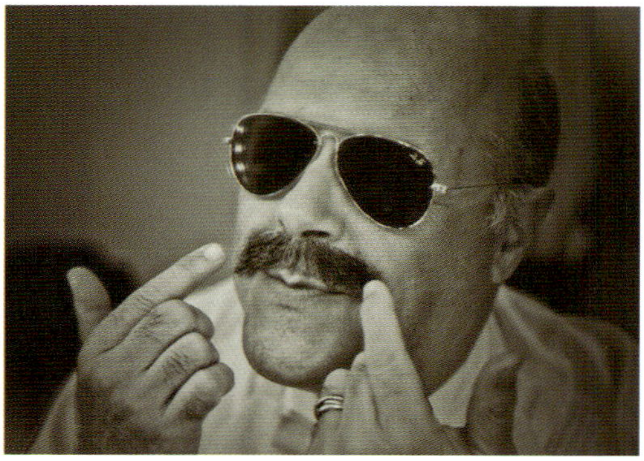
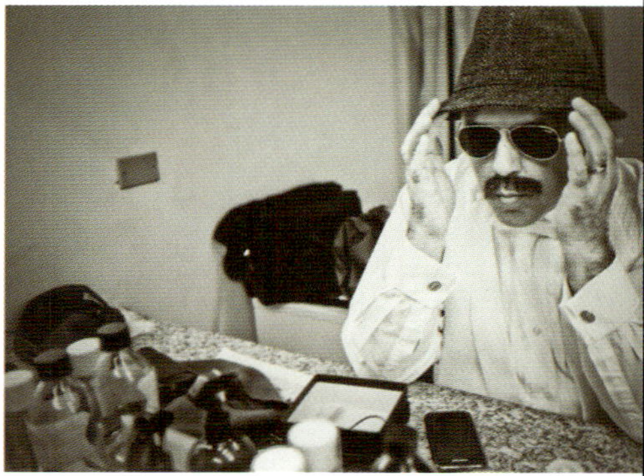

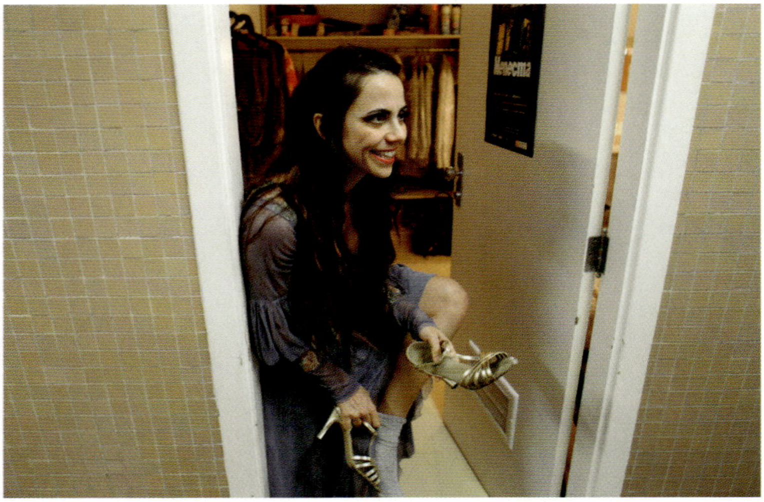
Menecma

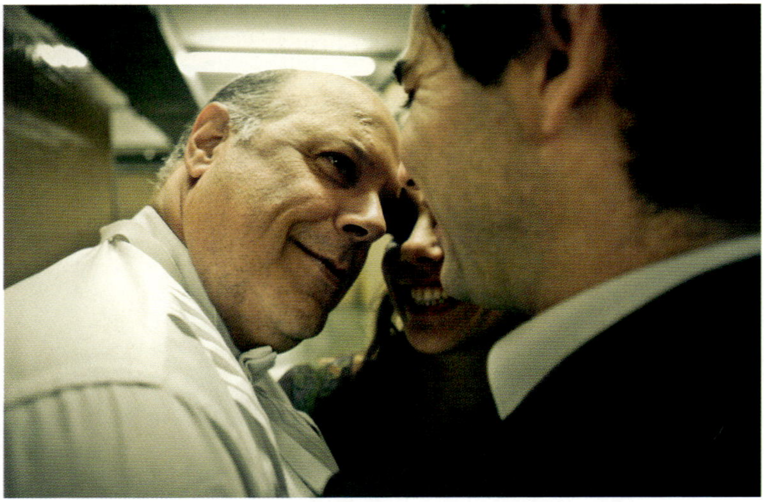

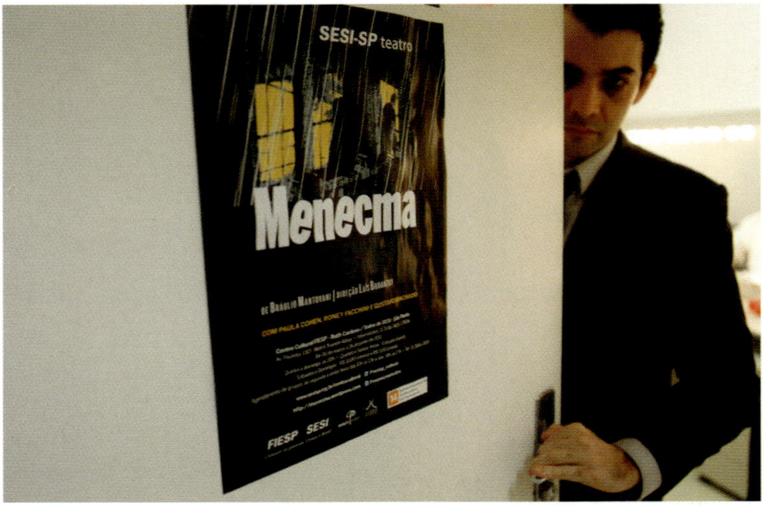
SESI-SP teatro
Menecma
FIESP
SESI

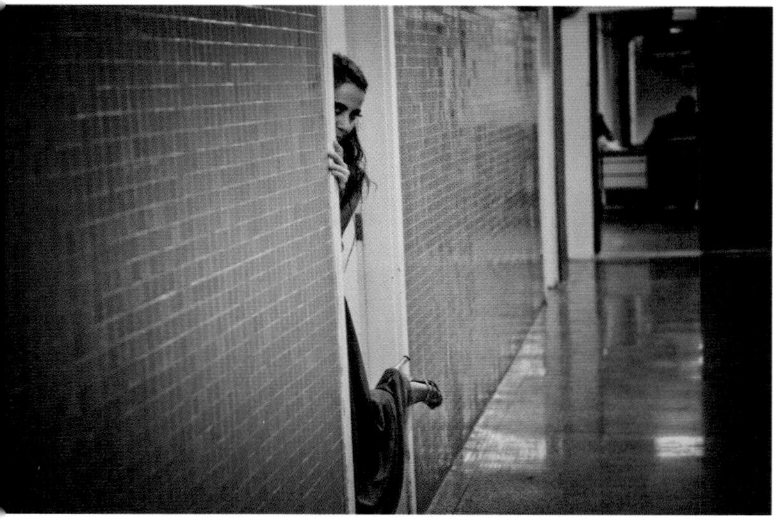
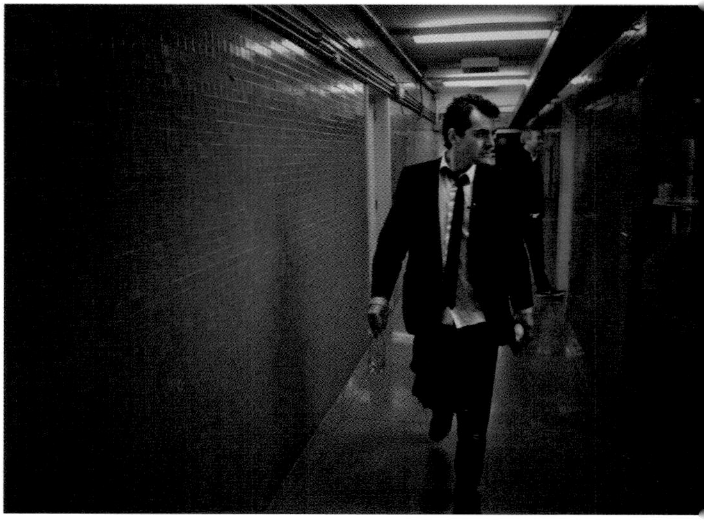
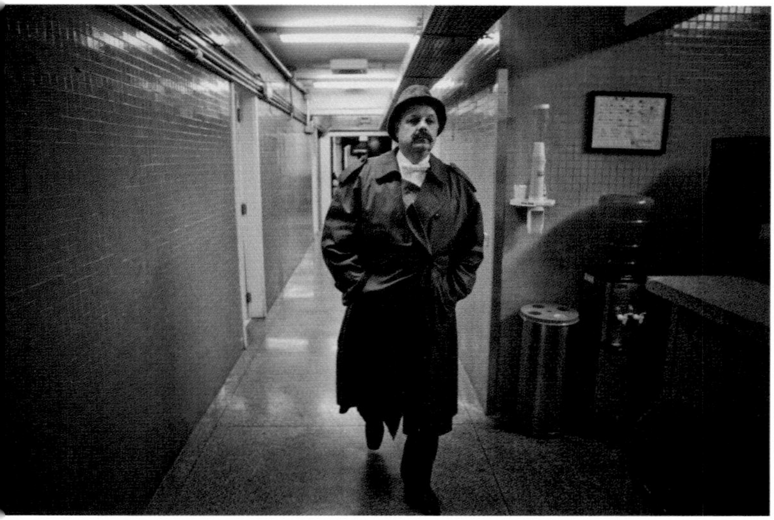

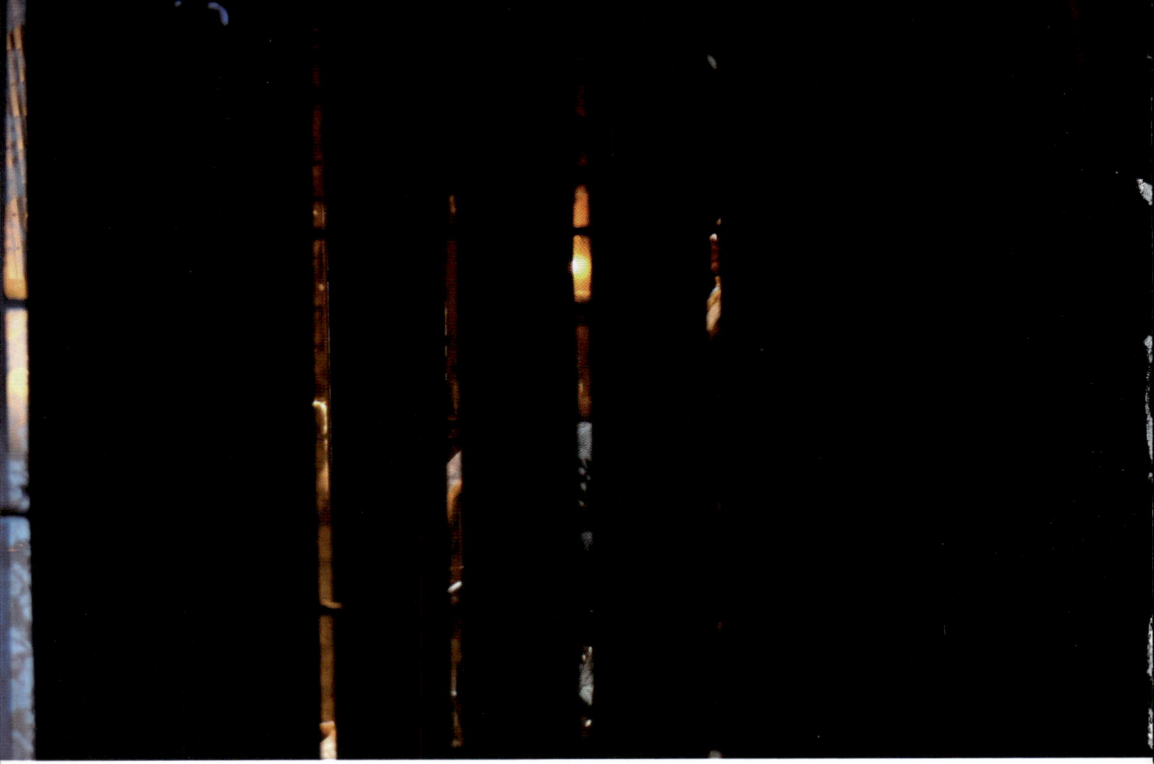

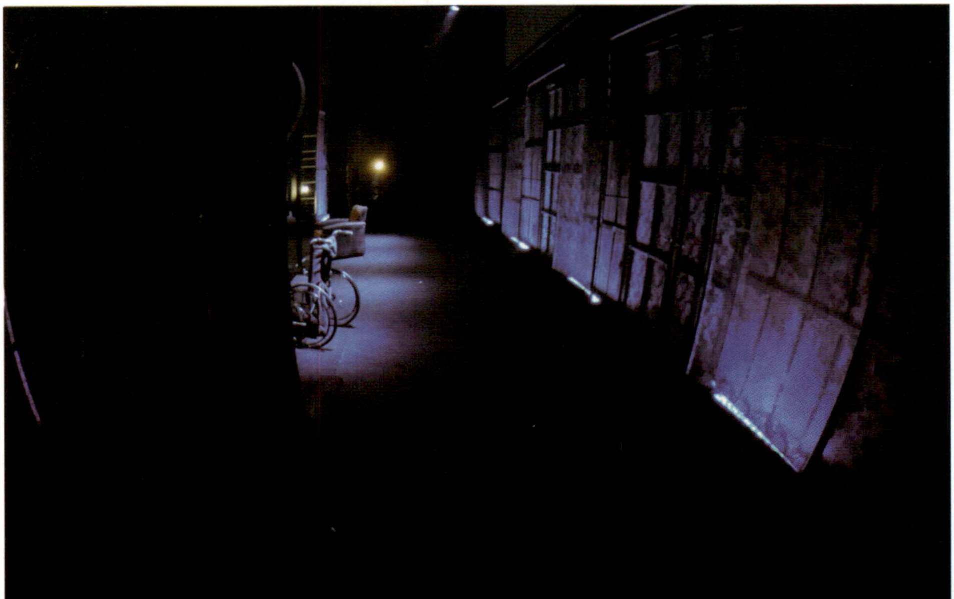

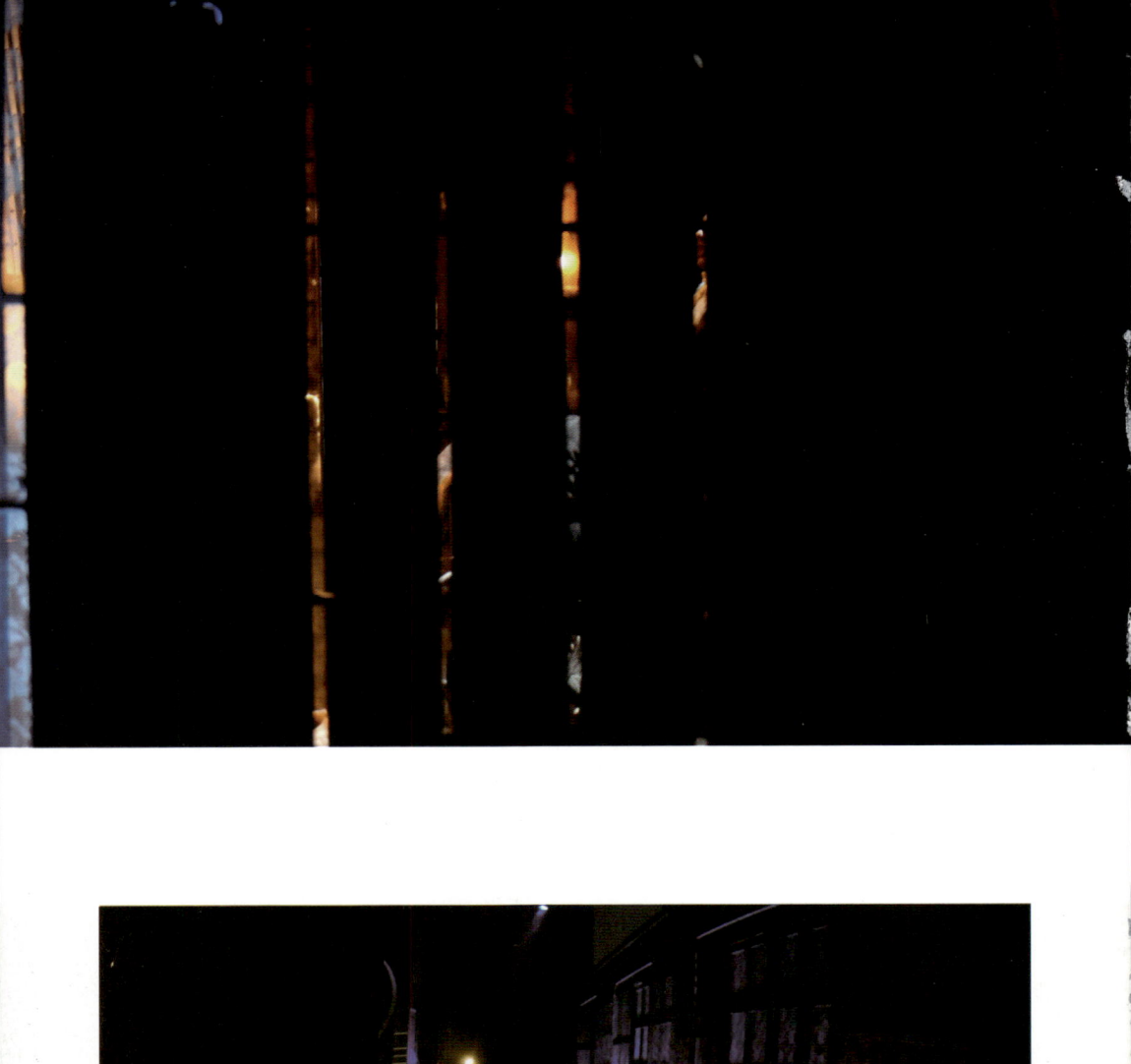

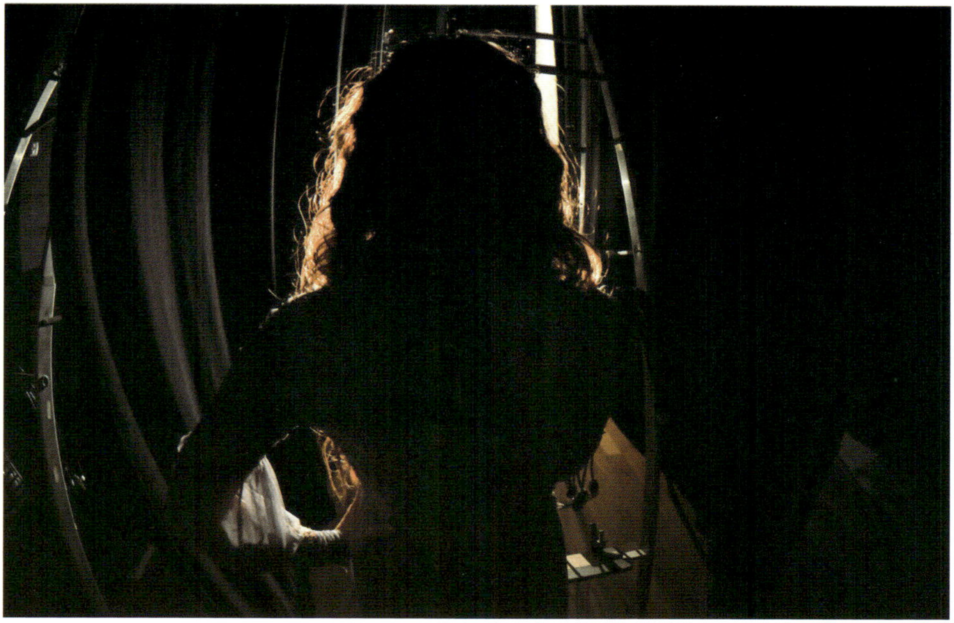

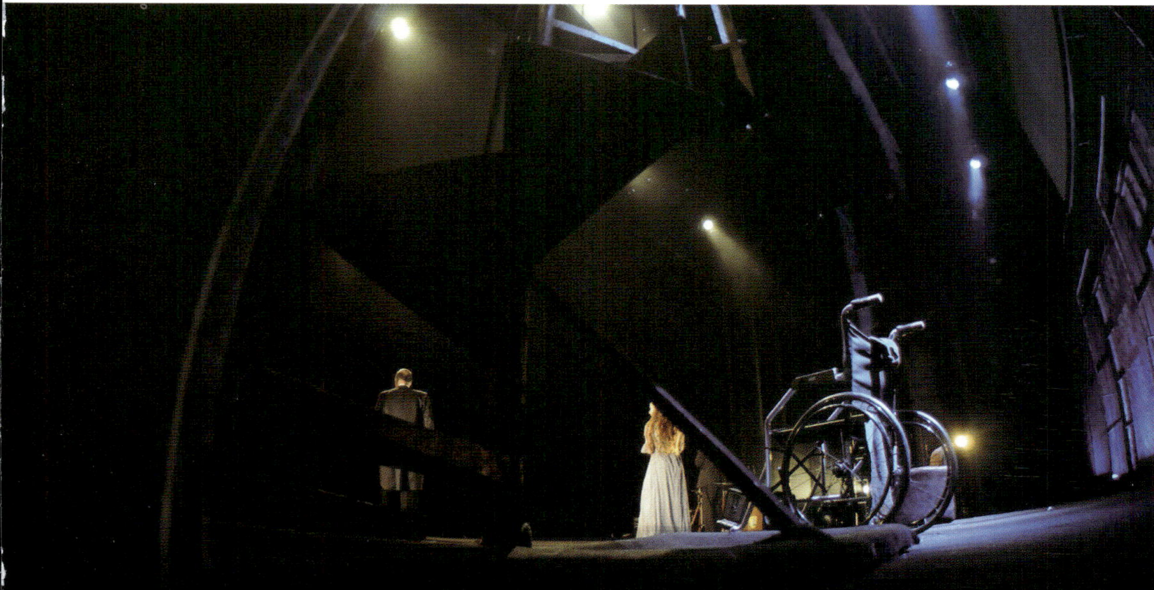

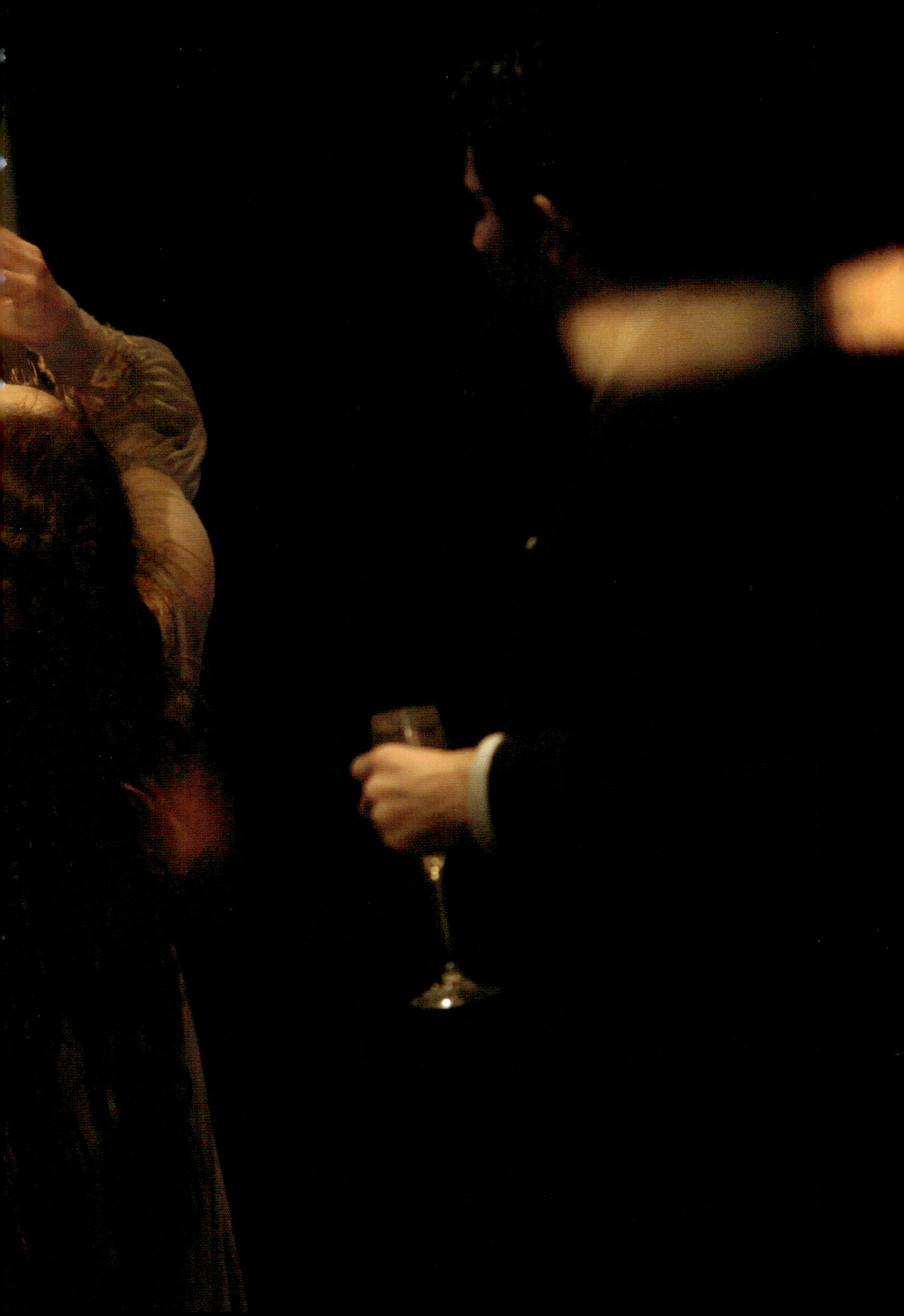

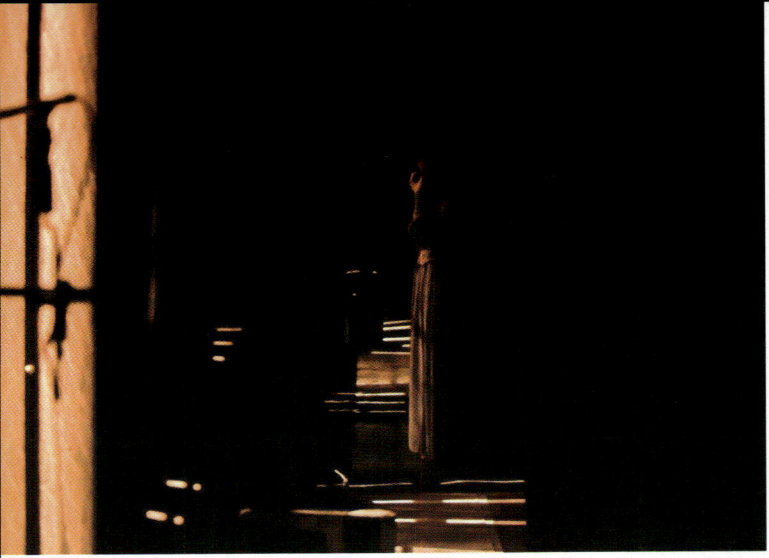
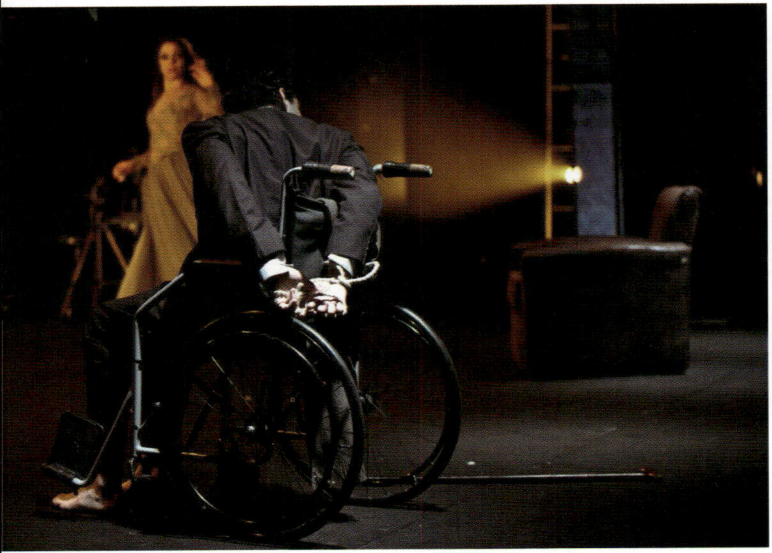
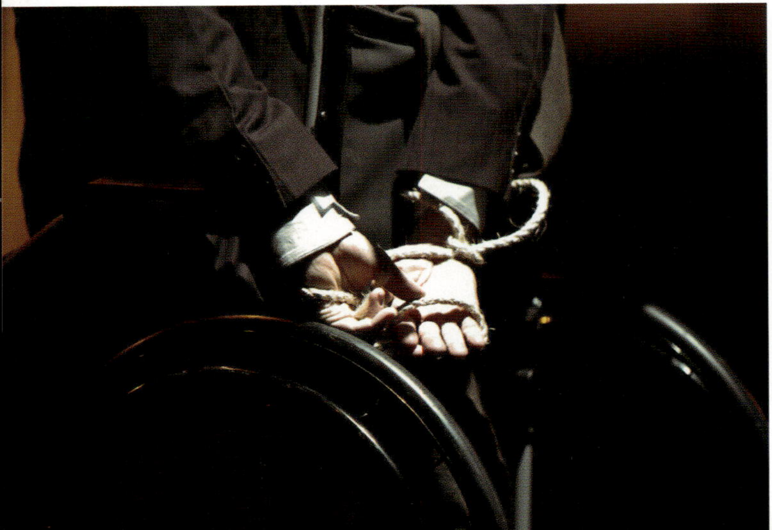

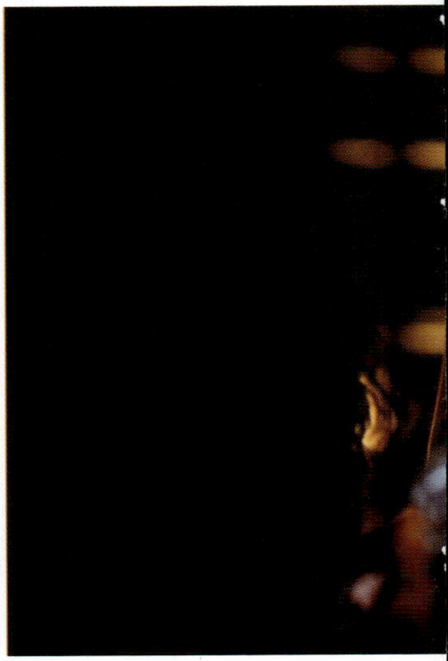

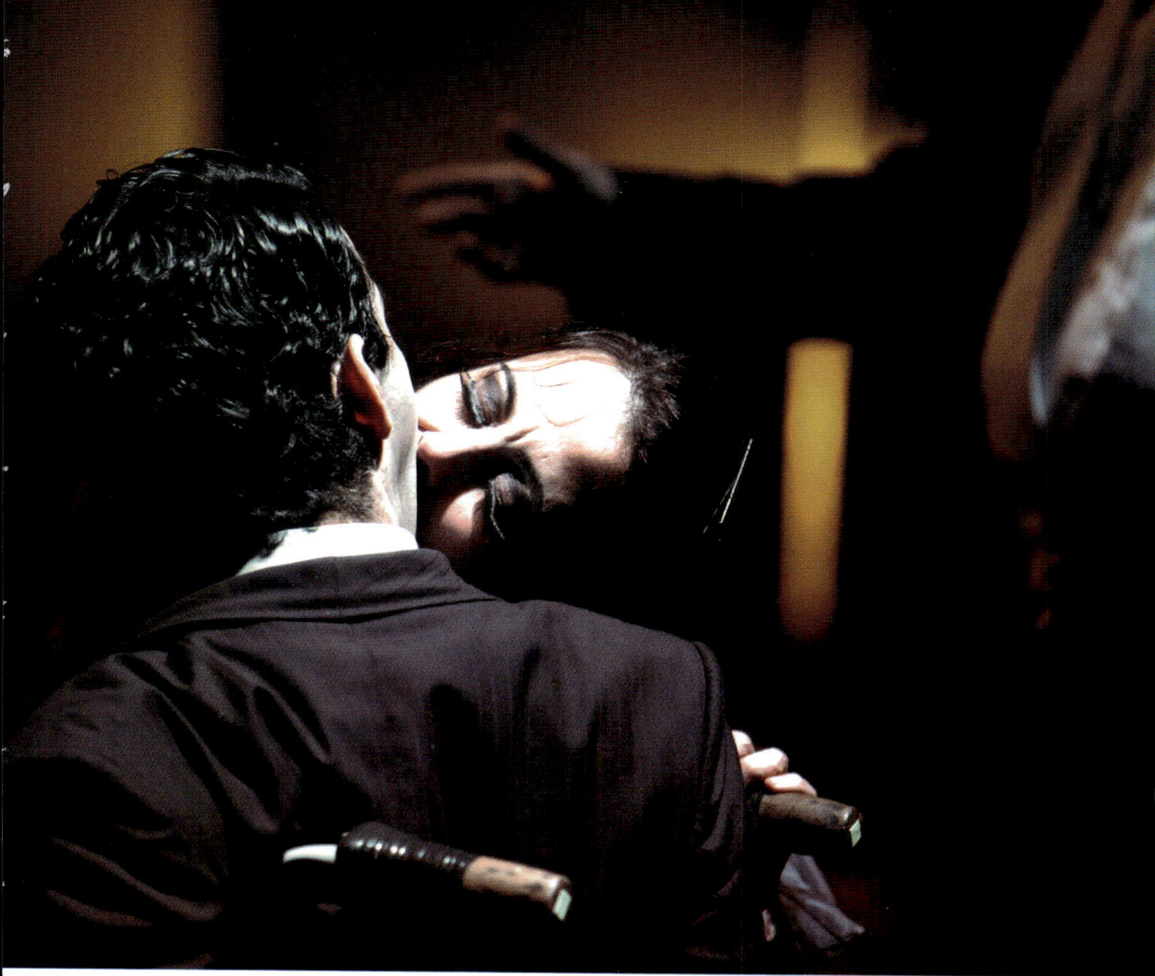

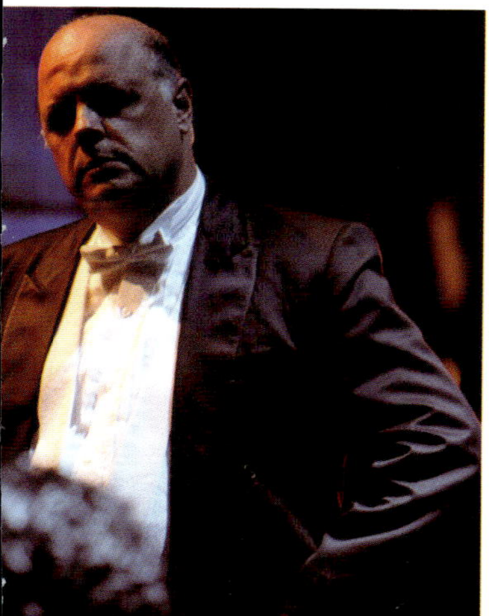

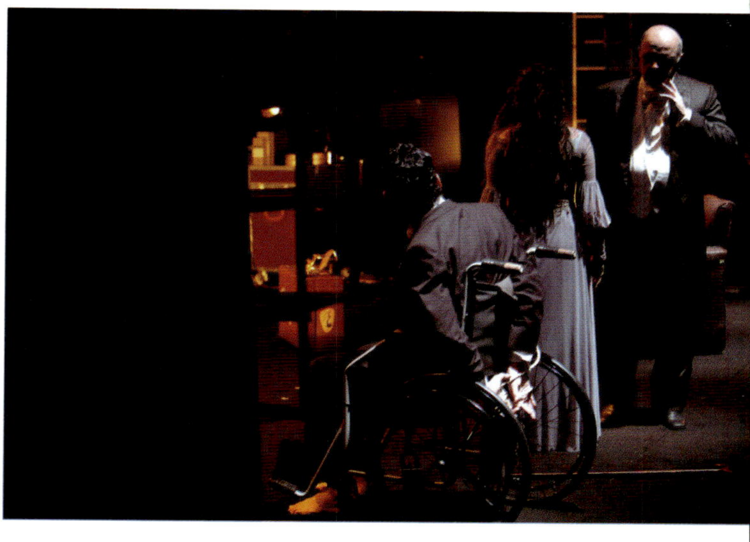

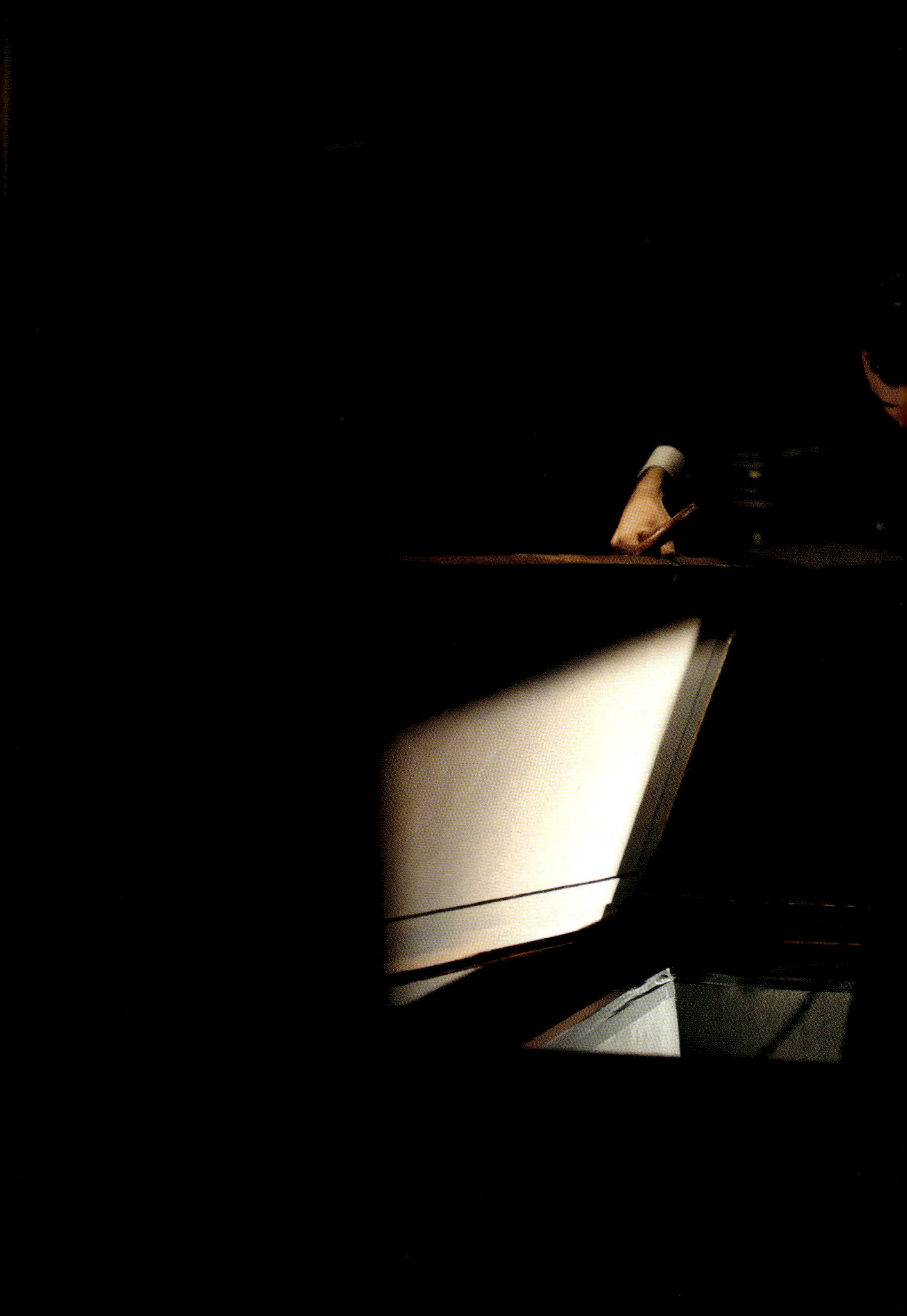

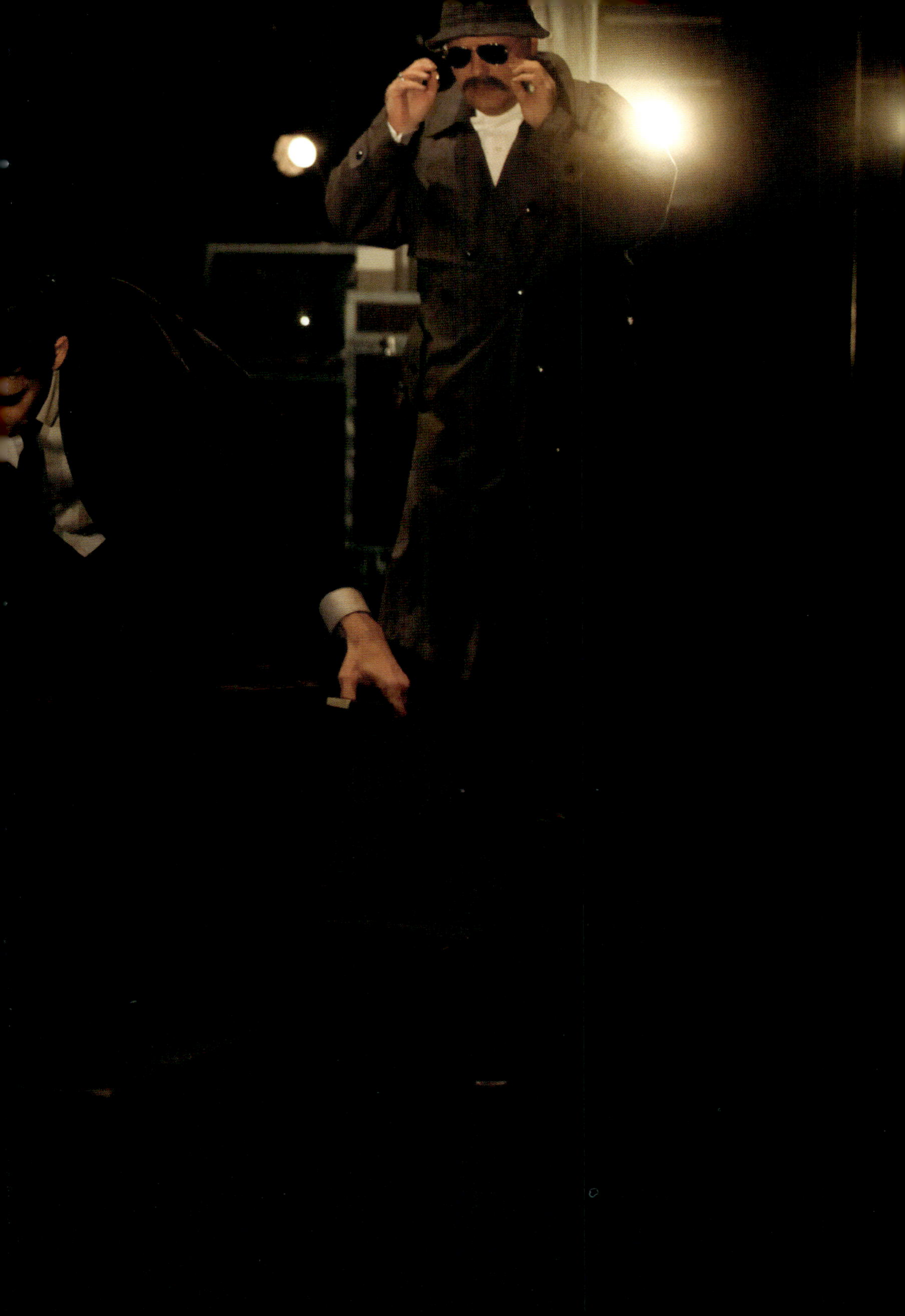

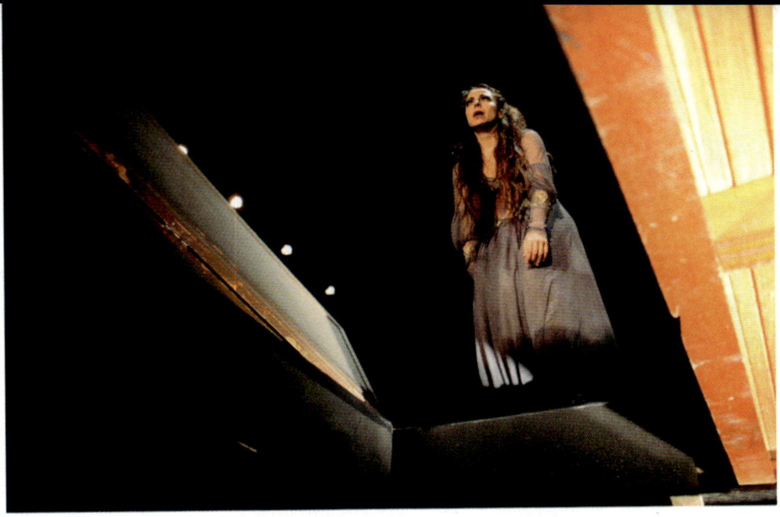

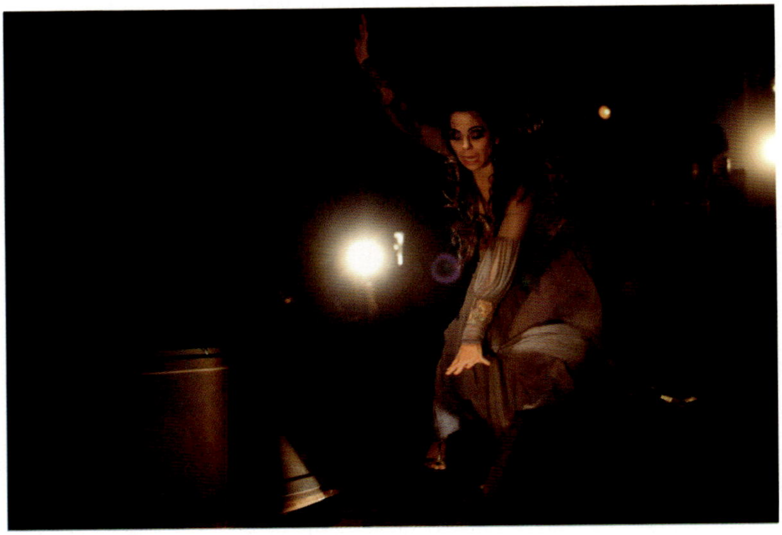

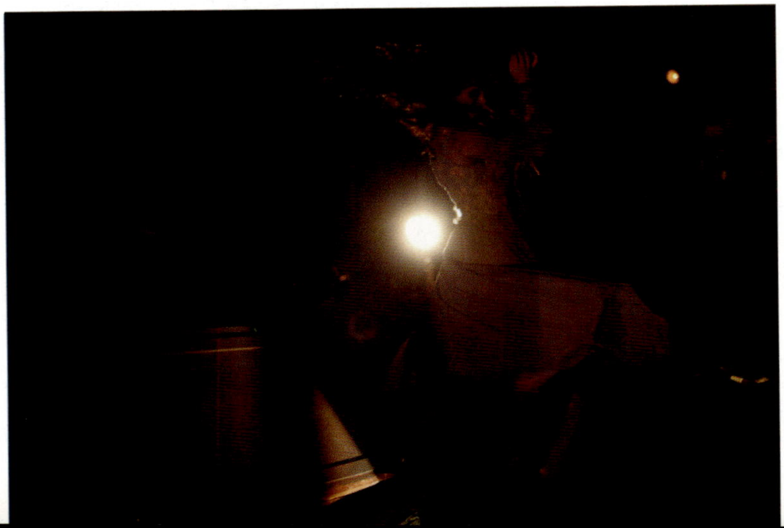

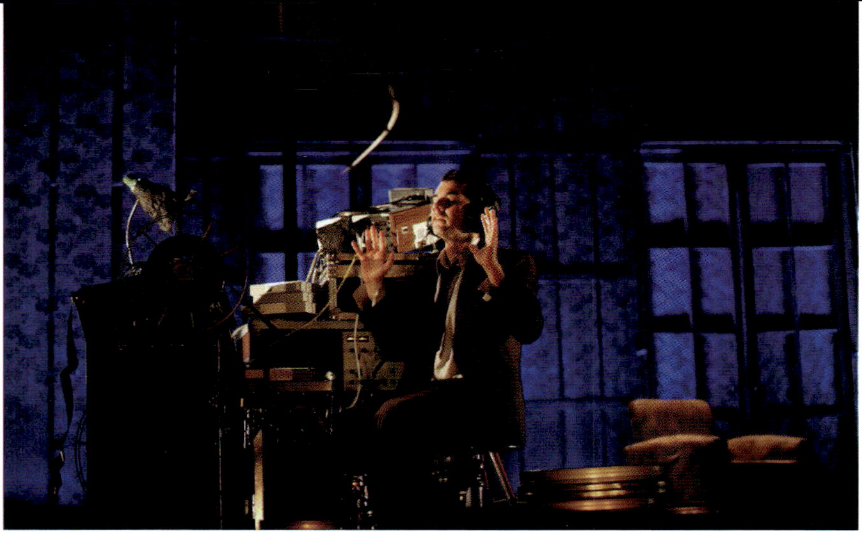
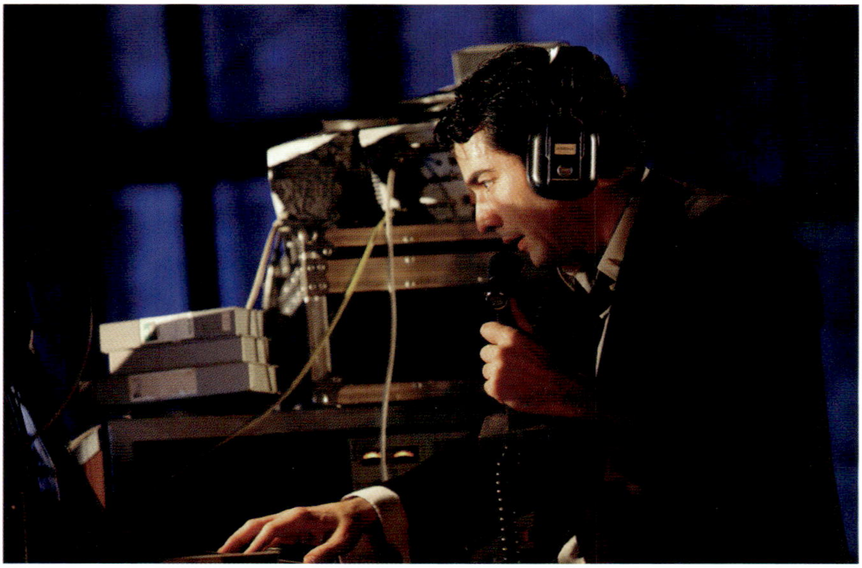
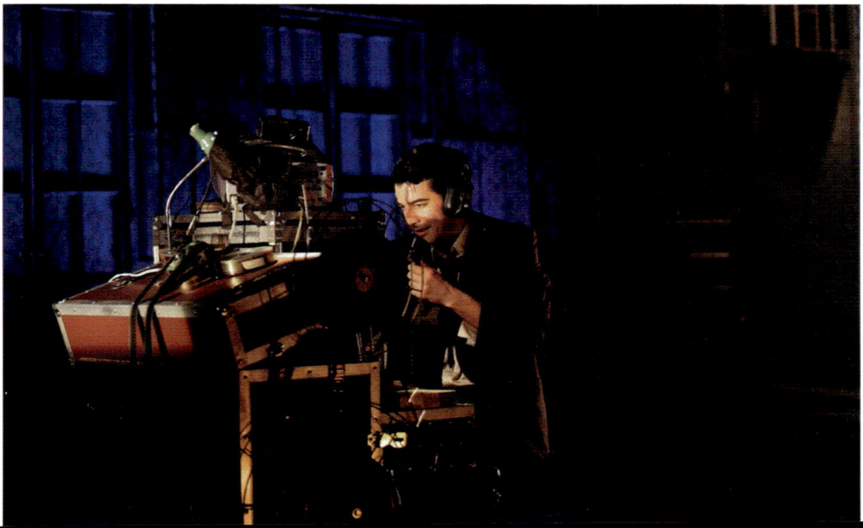

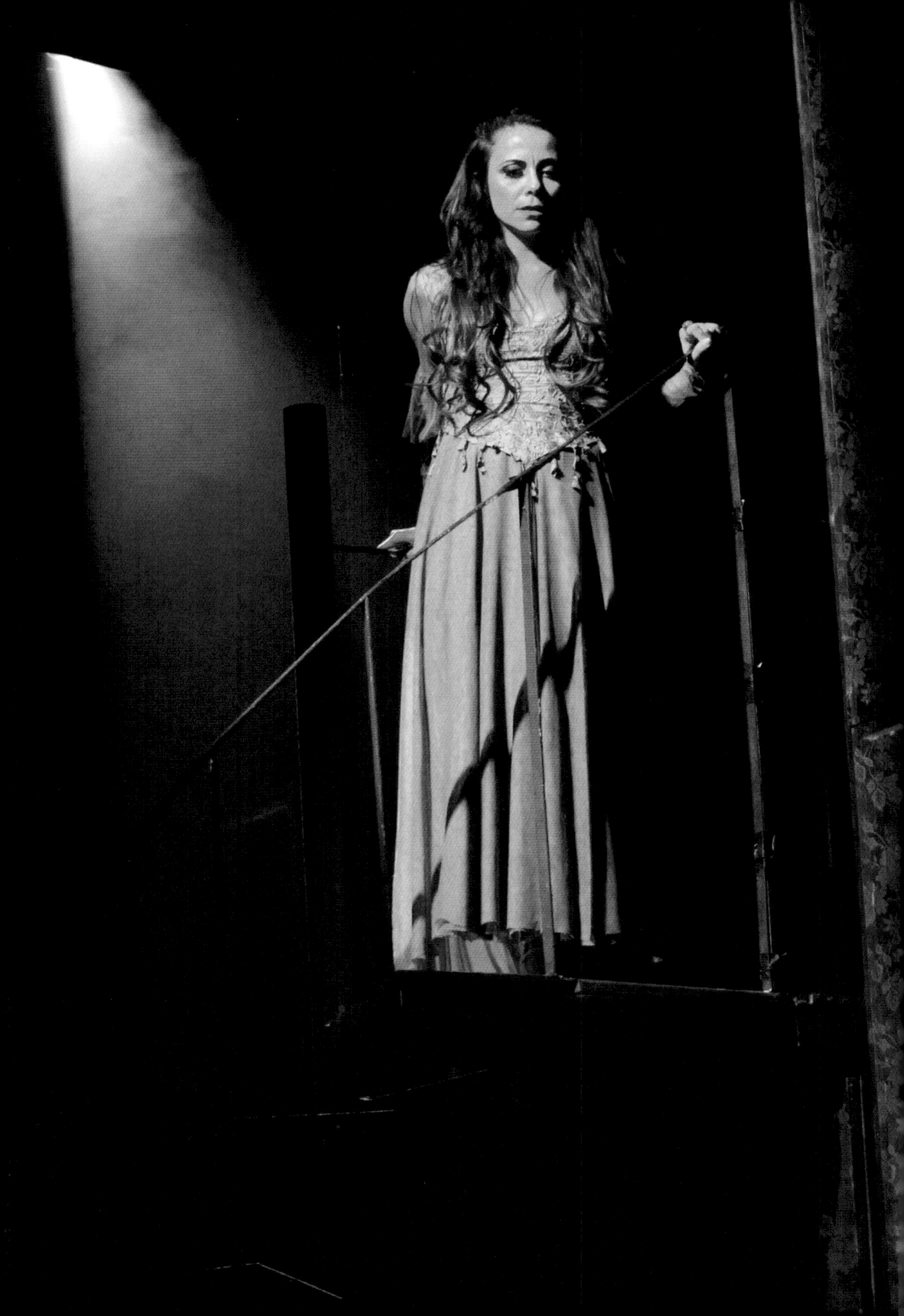

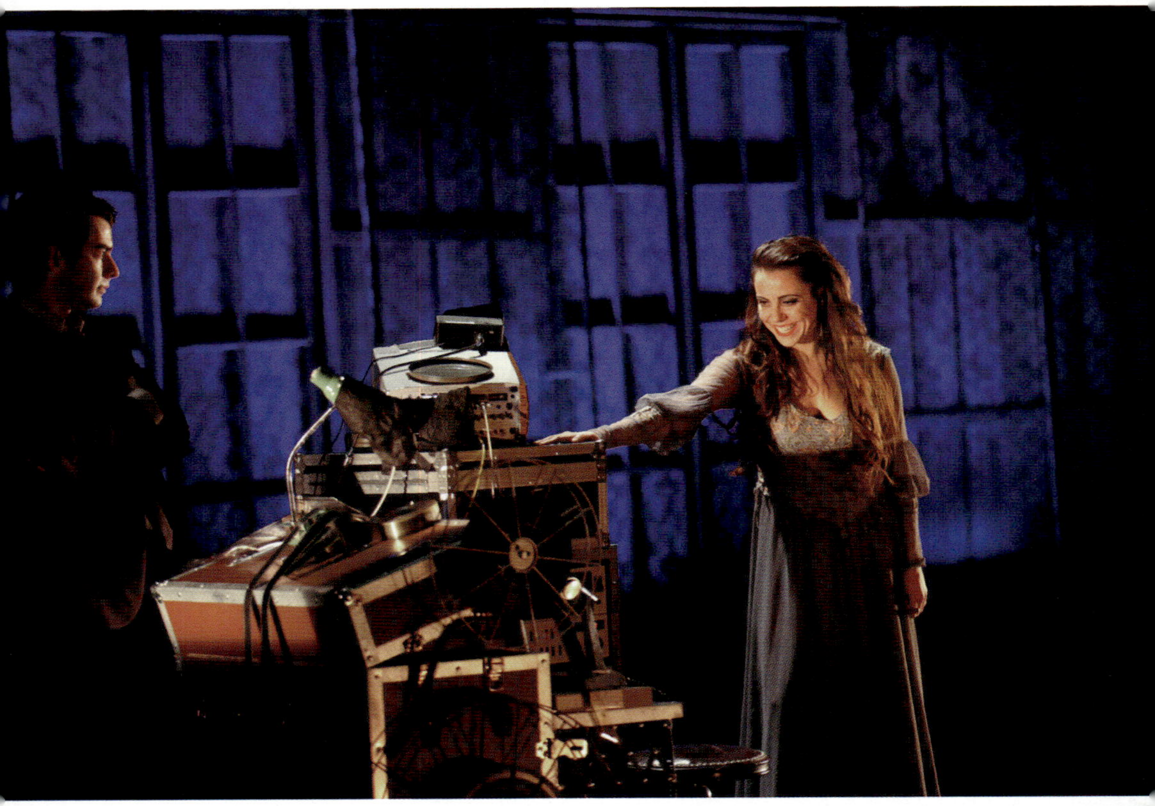

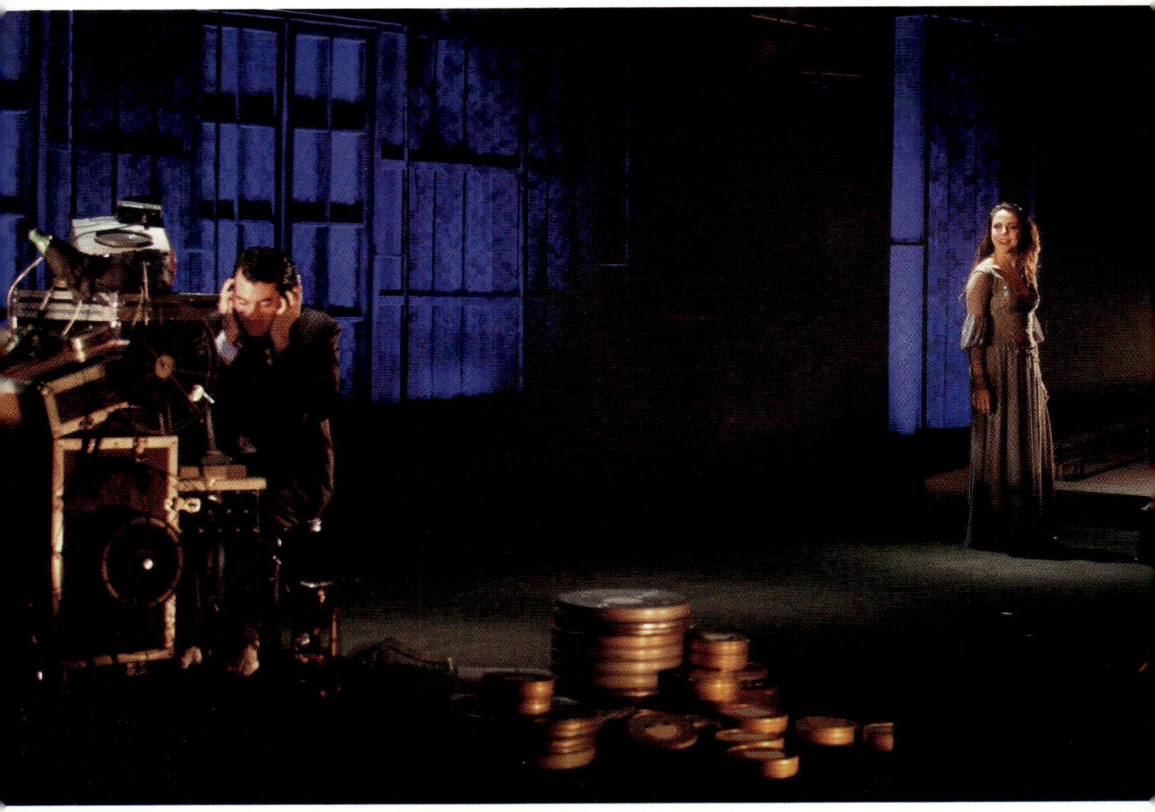

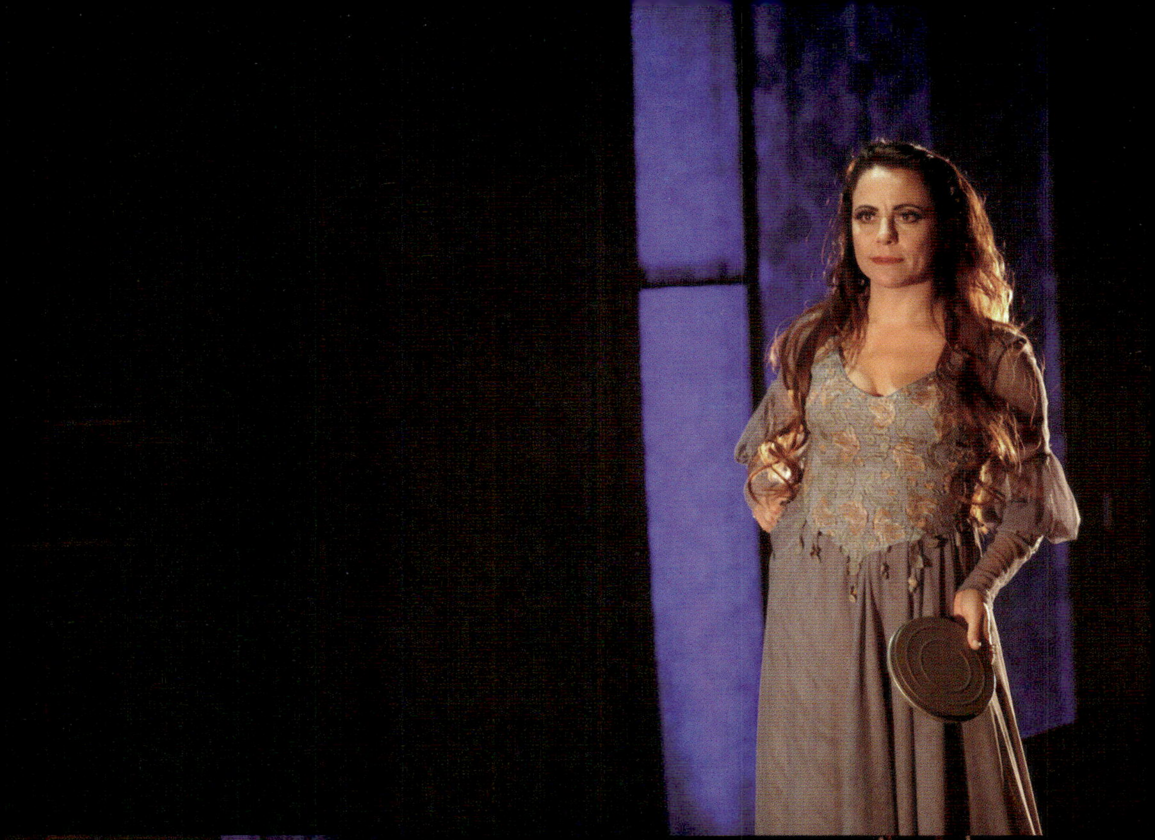

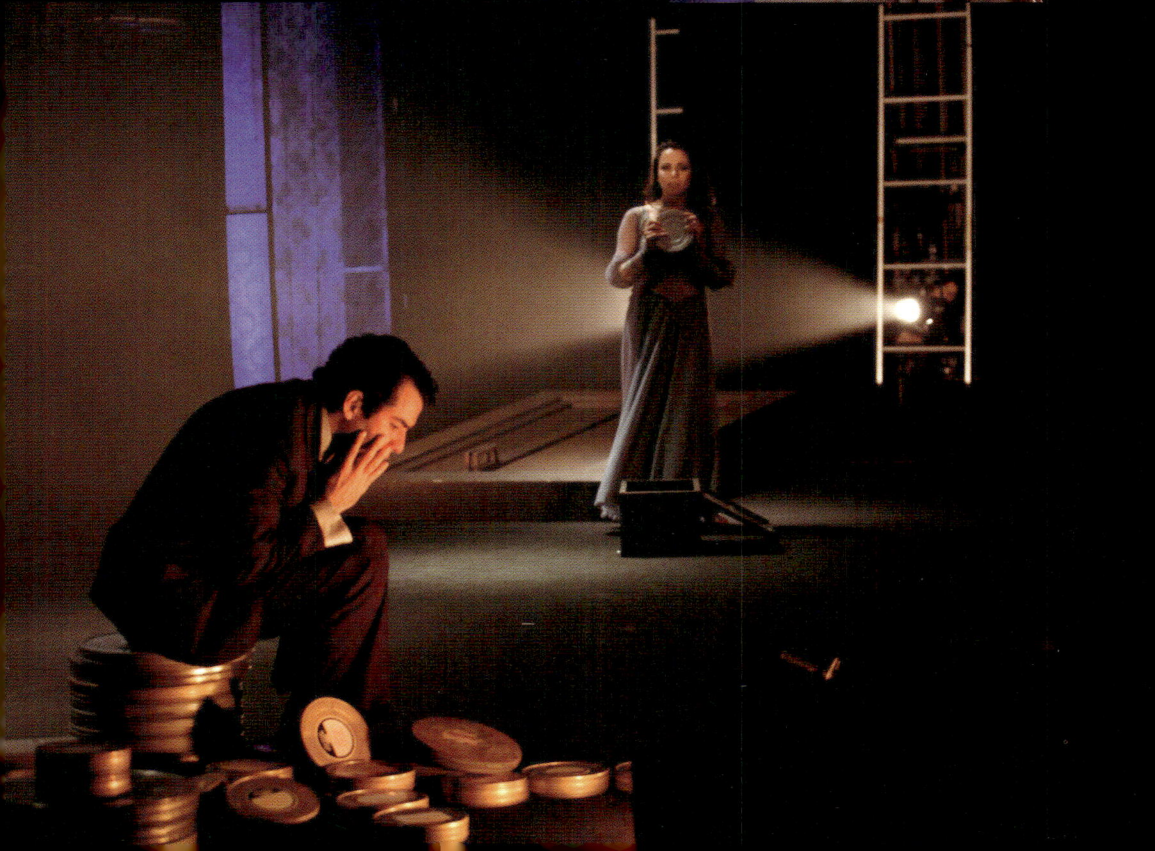

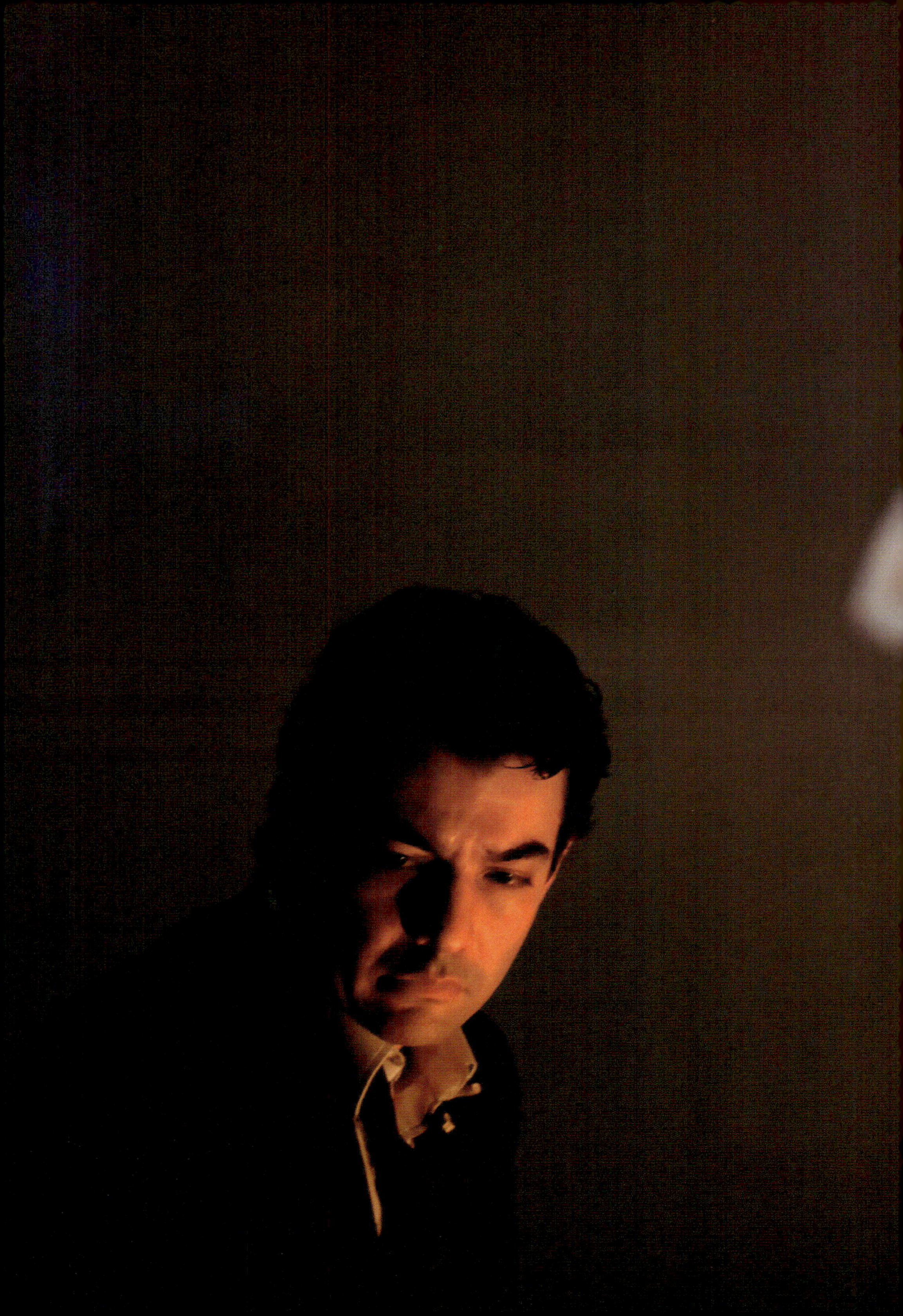

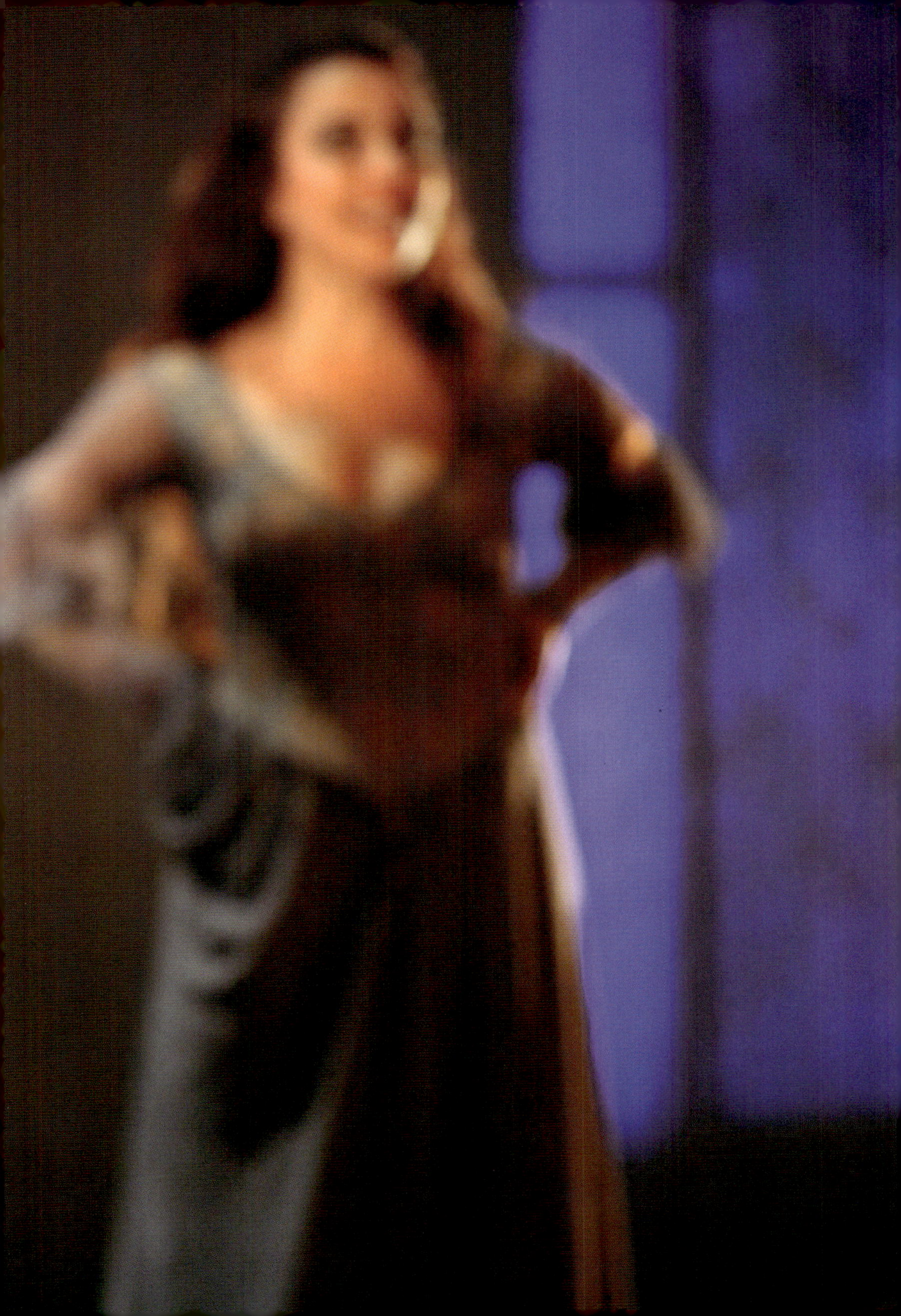

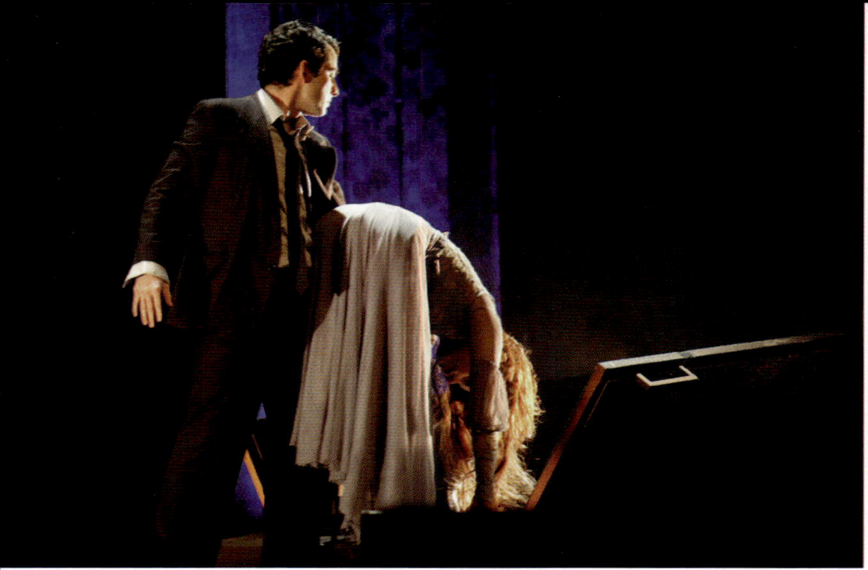
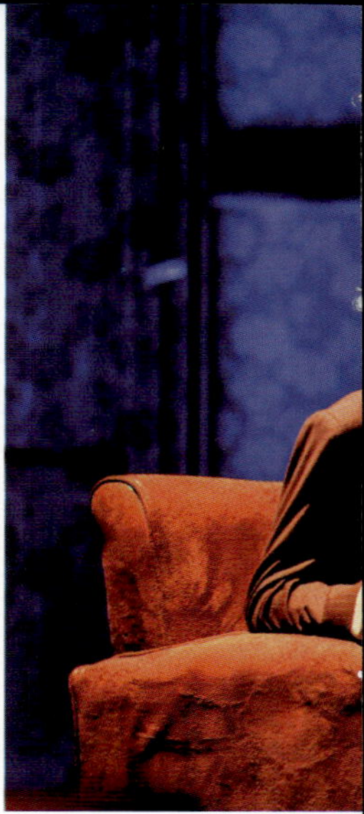
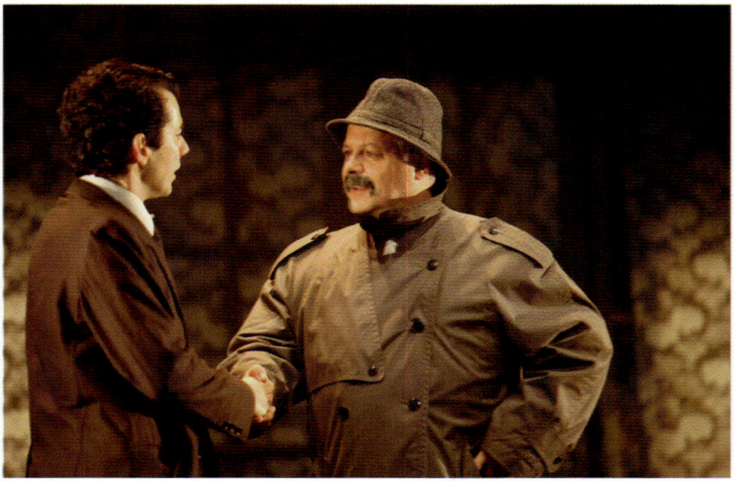
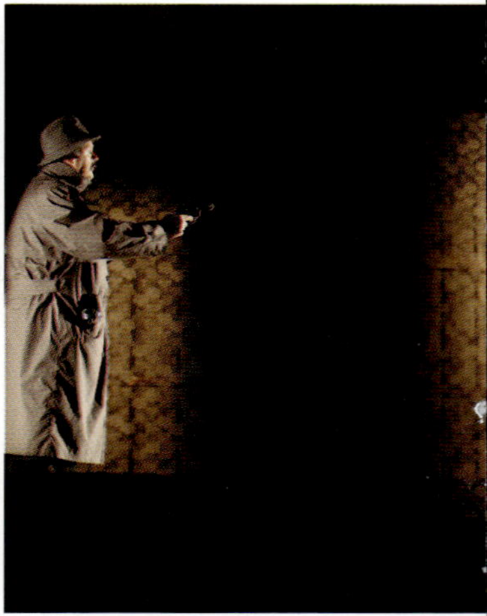
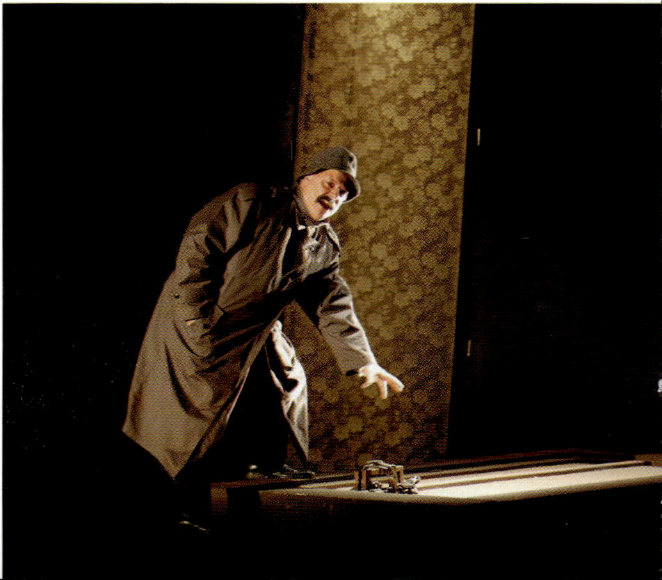

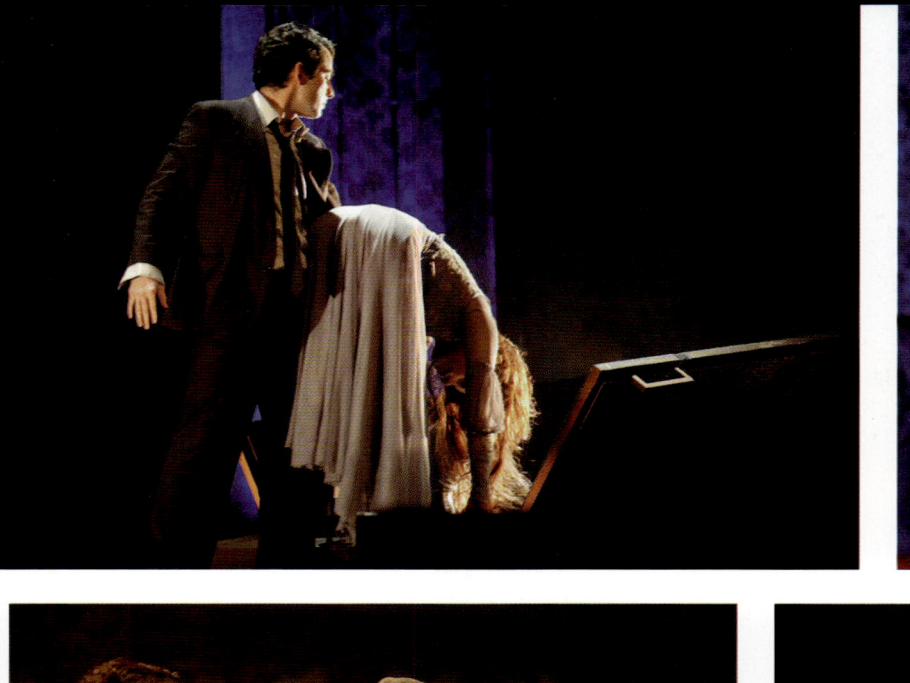

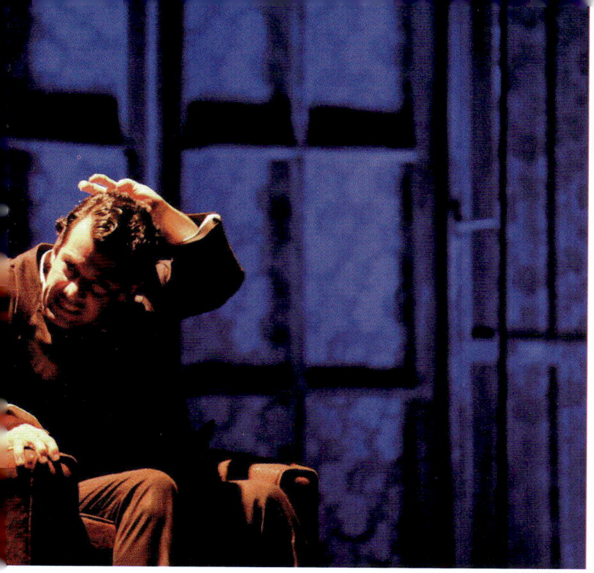

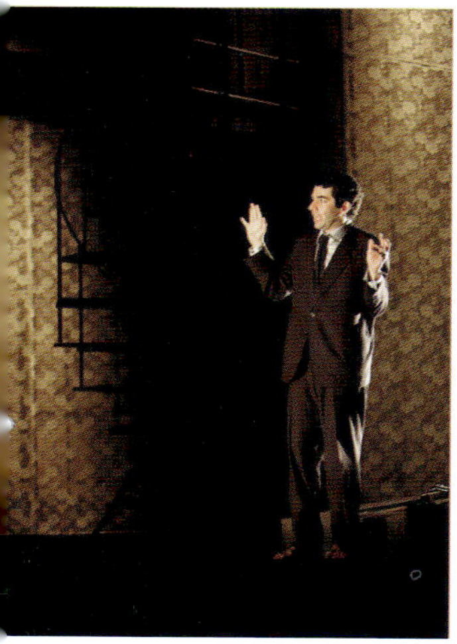

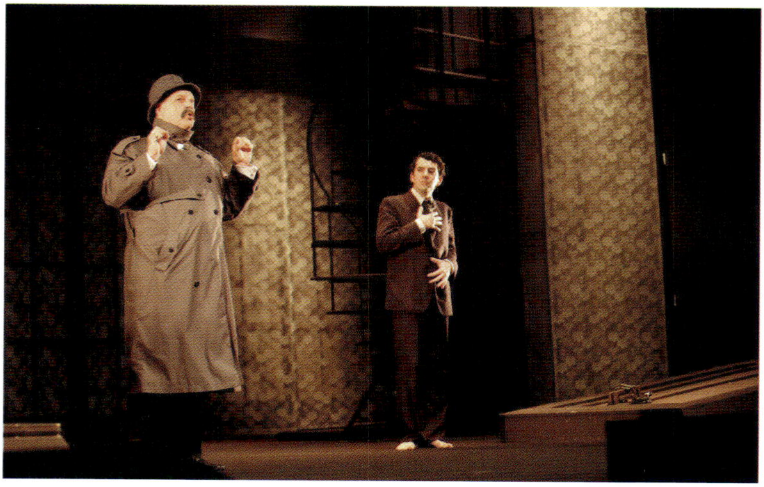

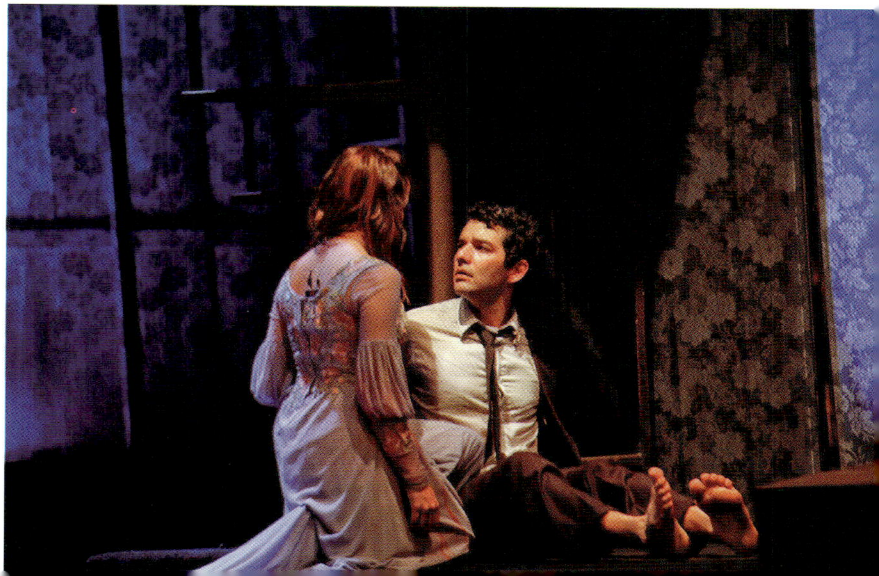

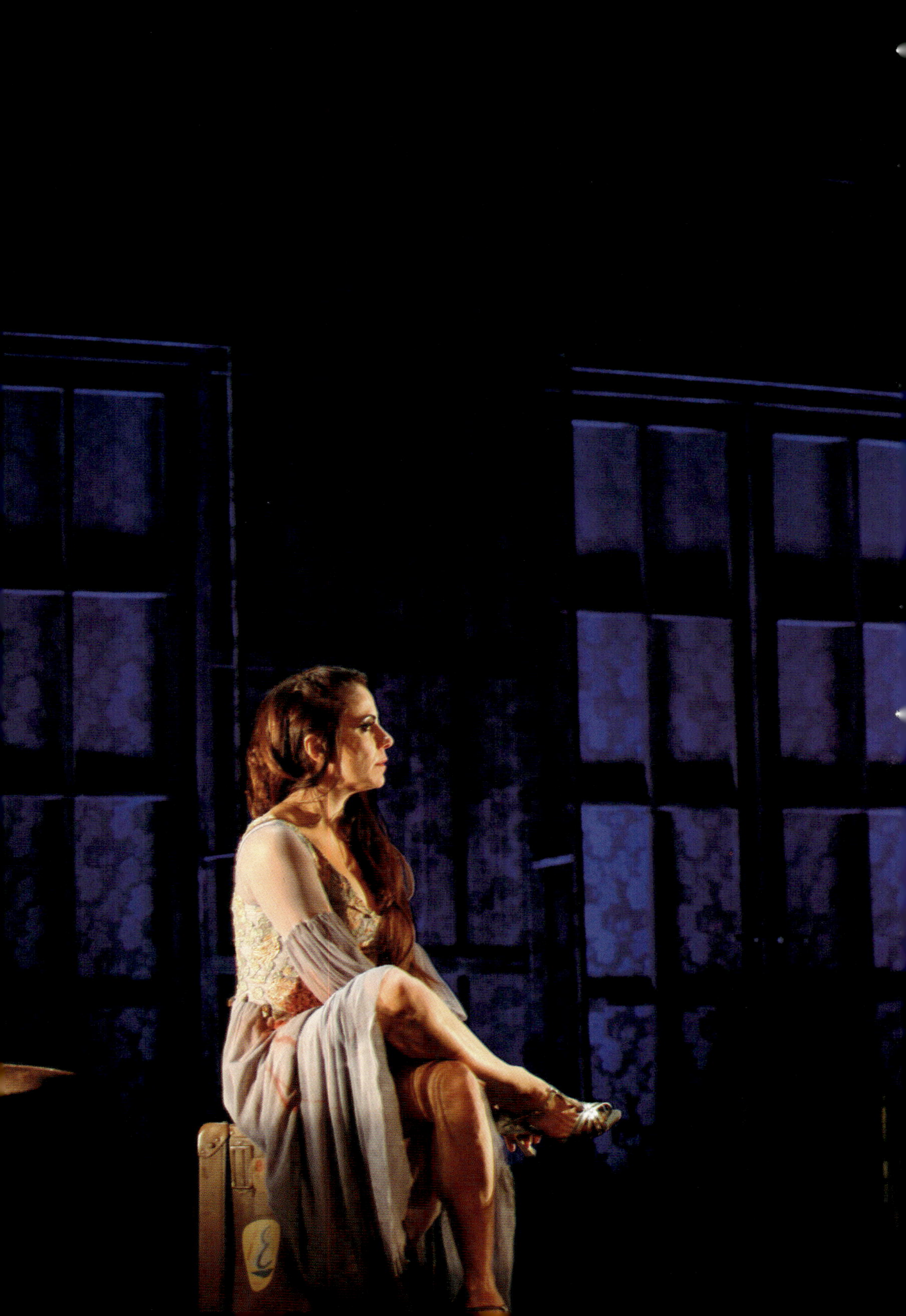

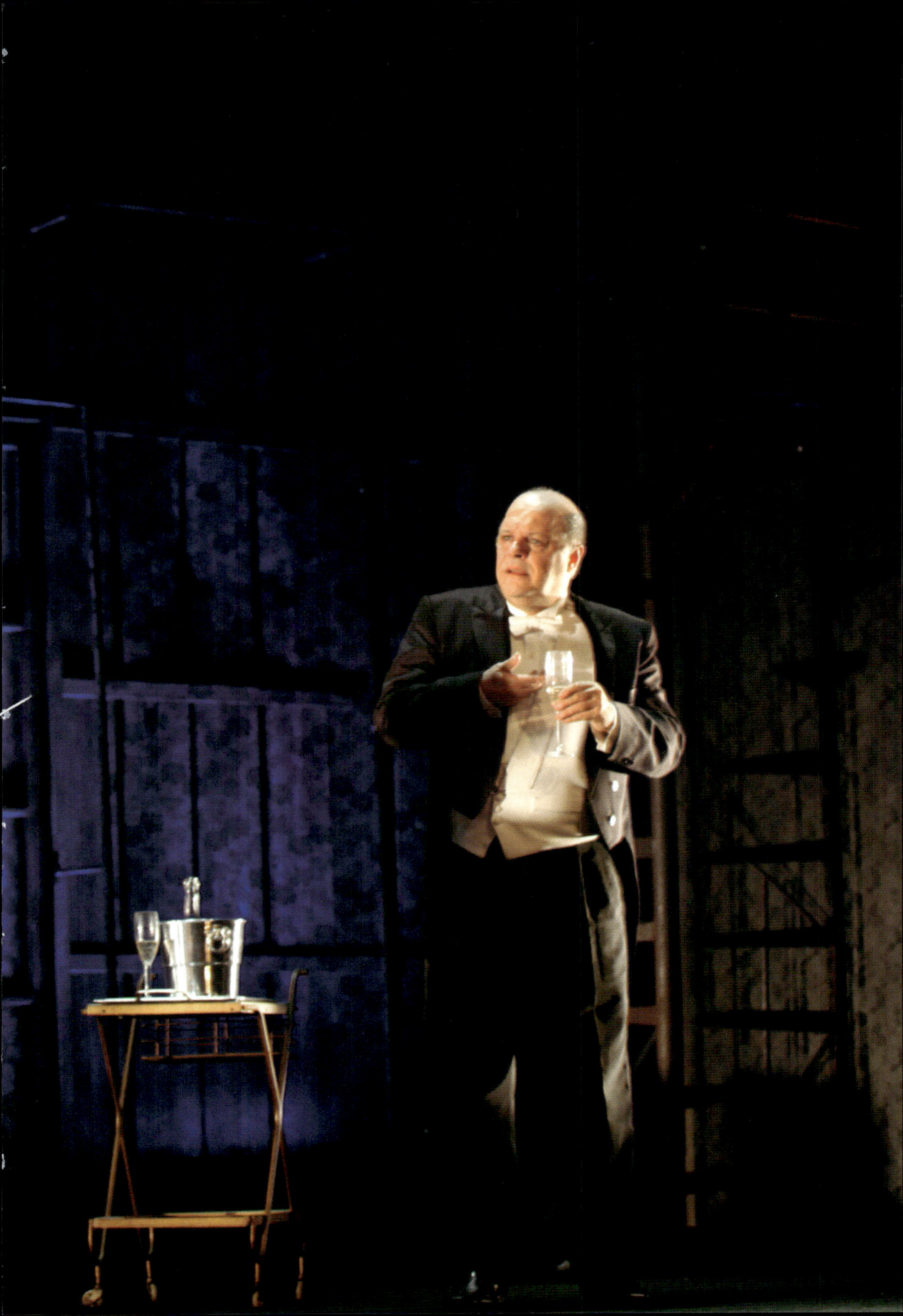

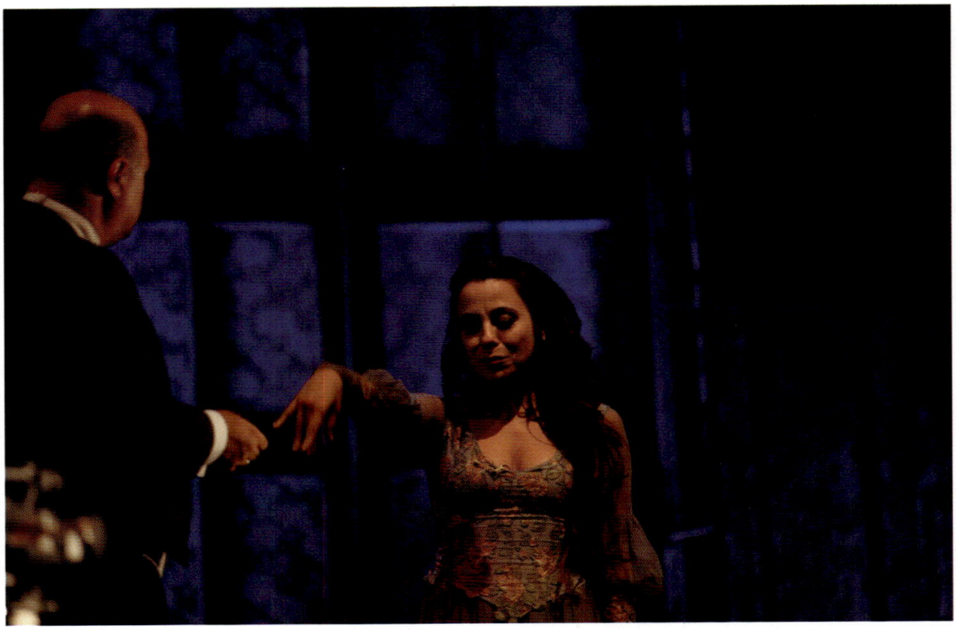

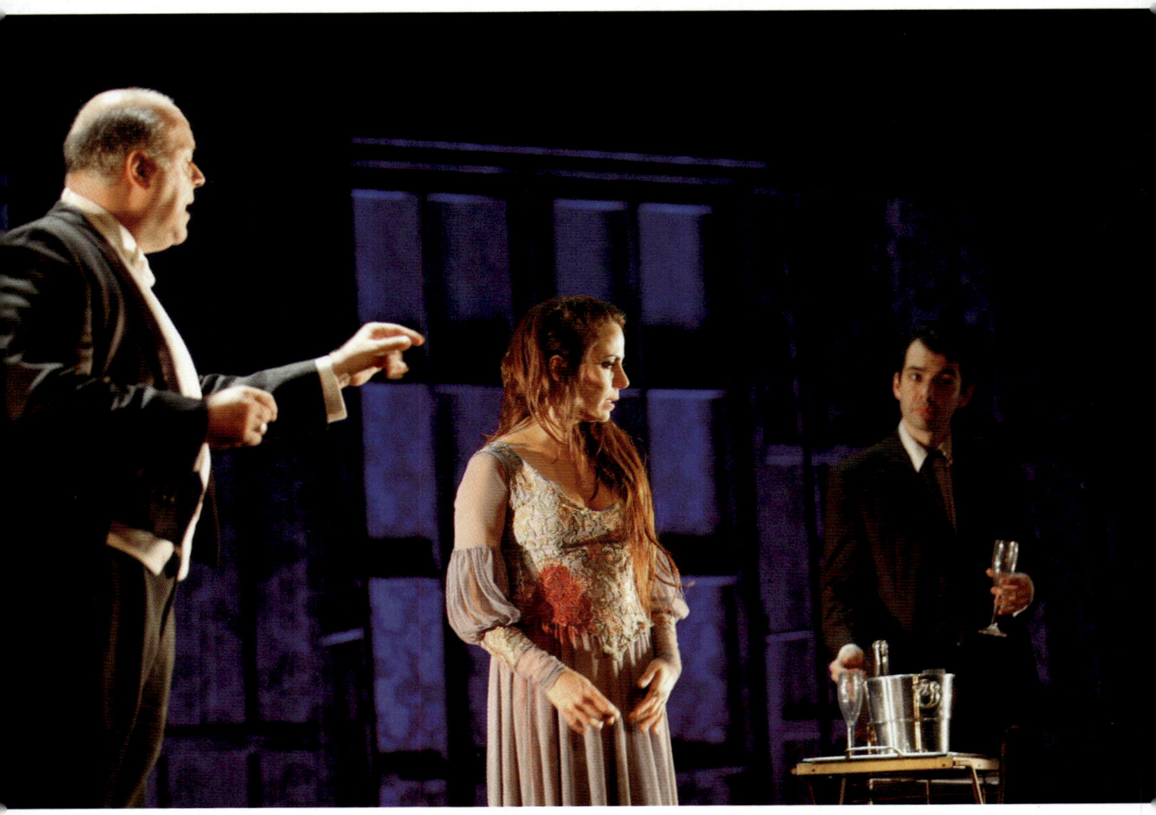

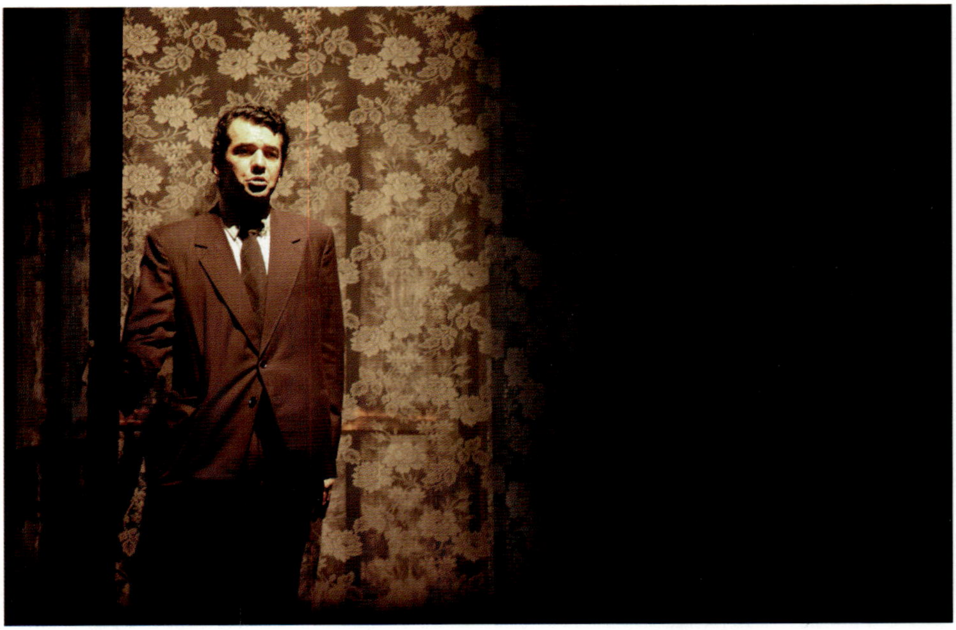

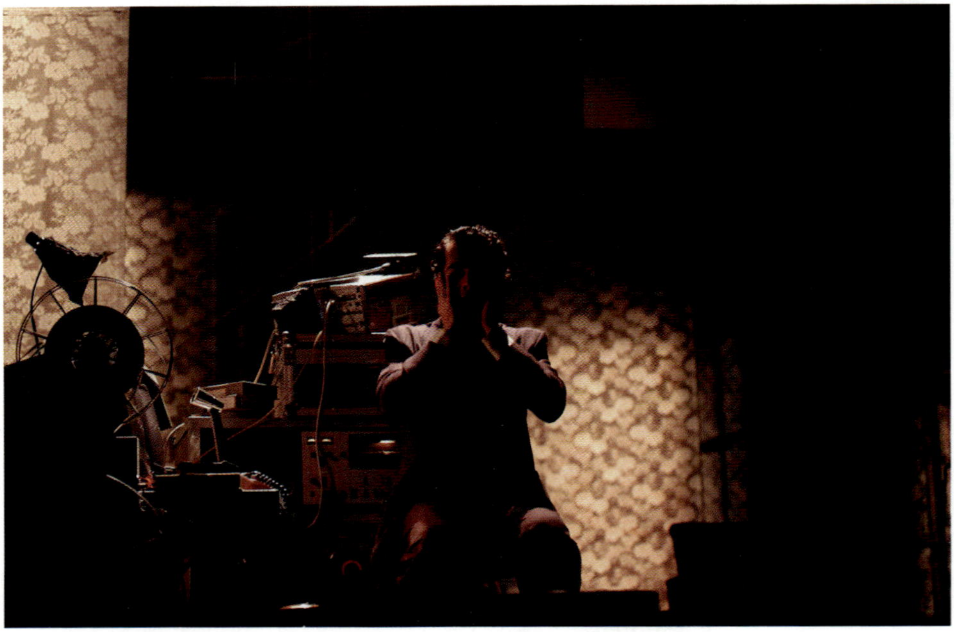